DUALSEELEN

AUS DER BLOCKADE IN DIE KRAFT

SCHWERE

LIEBE

Sophie C. Dumas

2014
EDITION SOLIS

INHALT

Wenn ich nicht für mich bin,
wer soll sonst für mich sein?

Hillel

VORWORT

Dualseelen – Die meisten Menschen begegnen diesem Thema erstmals in einer Phase schweren Liebeskummers, die mit nichts zu vergleichen ist, was man zuvor in seinem Leben bewältigen musste. Irgendetwas ist merkwürdig in diesem Prozess, an der gesamten Konstellation. Man beginnt zu recherchieren und Antworten auf die vielen offenen Fragen zu suchen. Warum war oder ist die Begegnung mit diesem einen Menschen so besonders? Woher kommt diese Anziehung? Wieso hat man den Eindruck, dass dennoch alles furchtbar kompliziert ist? Und weshalb kommt man nicht voneinander los, was auch immer man versucht?

In diesem Buch möchte ich anhand meines eigenen Dualseelenprozesses Hilfestellung geben für alle, die sich in diesem Hamsterrad aus Hoffnung und Verzweiflung, Nähe und Distanz befinden. Ich möchte Mut machen und Strategien an die Hand geben, die mir selbst im Alltag geholfen haben, als ich den Eindruck hatte, alles würde um mich herum zu Scherben zerfallen. Es ist also in erster Linie ein Buch für Dualseelenbetroffene.

Dennoch sind viele Strategien auch in anderen Lebensphasen hilfreich und so würde es mich freuen, wenn „Schwere Liebe. Dualseelen – aus der Blockade in die Kraft" generell bei Liebeskummer, Herzschmerz und verletzenden symbiotischen Beziehungen weiterhelfen kann. All diesen Zuständen ist gemeinsam, dass Menschen mehr oder weniger abrupt in einen oftmals herausfordernden Prozess der Selbstfindung geschleudert werden. Ein roter Faden zur Bewältigung verschiedener Aufgaben kann da gute Dienste leisten und in Phasen von Kummer, Schmerz, Trauer, Angst und Sehnsucht Unterstützung bieten. Mir liegt besonders am Herzen, dass die Betroffenen sich selbst wieder als handlungsfähig und stark erleben, anstatt der Situation hilflos ausgeliefert zu sein. Wenn du Lust hast, deine eigene Stärke durch unterschiedlichste Strategien wie Selbstcoaching, Zielfindung, Naturheilverfahren und der Arbeit mit Energetik wieder zu entdecken, deinen Selbstwert aufzubauen und dein Leben wieder aktiv zu gestalten, dann wünsche ich dir viel Spaß und befreiende Erlebnisse mit diesem Buch. Dich ein Stückchen weit in dein selbstbestimmtes und freies Leben zu begleiten, wäre mir als Autorin die größte Freude.

Herzlich
Deine Sophie Catherine Dumas

DIE BEGEGNUNG

Mein Leben war vollkommen in Ordnung. Anders kann ich das nicht sagen. Ich arbeitete zufrieden und eigenständig als freiberufliche Therapeutin, lebte in einer Stadt, die ich liebte, führte seit 9 Jahren eine Beziehung mit einem wunderbaren Mann, auf den ich mich immer verlassen konnte. Hier und da gab es Krisen, aber nichts, was unlösbar gewesen wäre. Meine Praxis war über Wochen im Voraus ausgebucht und die Arbeit machte mir große Freude. Im Jahr zuvor war es mir zudem gelungen, meine Arbeit als Autorin auf eine stabile Basis zu bringen. Es waren zwei Romane von mir erschienen und ich brannte nun darauf, weitere Ideen in Geschichten fließen und den Traum von der Schriftstellerei, den ich seit meiner Kindheit hegte, zu meinem wirklichen Leben werden zu lassen.

Wie viele Künstler war ich als Kind mit den üblichen Bedenken meiner Umgebung konfrontiert worden. „Das ist kein Beruf!", hieß es oder „Mach lieber etwas Vernünftiges." Ich hatte jahrelang damit gerungen, meine Arbeit an den Romanen wirklich als wertvoll und berechtigt anzusehen. Immer war da nicht nur der Zweifel, ob meine Texte qualitativ hochwertig genug waren, sondern auch die merkwürdige Blockierung aufgrund alter Glaubenssätze. Nun aber, nach den ersten erfolgreichen Schritten in die Verlagswelt, fühlte es sich für mich an, als wären die Fesseln auf wundersame Art und Weise gesprengt worden. Ich ging mit meiner Kunst um wie mit jeder anderen beruflichen Verpflichtung: Ich nahm sie ernst, ich war zielstrebig, ich machte ambitionierte Pläne.

Diese klare Struktur gab mir Sicherheit. Ich investierte Zeit in Lesungen, in Marketing, ich nutzte die sozialen Netzwerke für Kontakte zu Lesern und anderen Autoren. Es schien sich alles wunderbar zu entwickeln – endlich.

Kurz gesagt: Ich war an einem Punkt in meinem Leben, der sich wirklich richtig gut anfühlte.

Und dann trat Christoph in mein Leben.

Wie ich heute weiß, ist er meine Dualseele – doch zum damaligen Zeitpunkt hatte ich weder diese Bezeichnung je zuvor gehört, noch hatte ich den blassesten Schimmer, welche Umwälzungen mit dieser Begegnung auf mich zurollen würden. Im Nachhinein betrachtet blieb nicht ein Stein auf dem anderen. Jeder, der selbst Dualseelenprozesse durchlaufen hat oder noch durchläuft, wird aus eigener schmerzlicher Erfahrung sehr genau wissen, wovon ich rede. Ich brauchte Monate, um zu begreifen, warum es sich zwischen uns so besonders anfühlte, worum es sich handelte. Auf der Suche nach Erklärungen landete ich bei der Theorie über die Dualseelen – und mir blieb der Mund offen stehen. Es passte so perfekt auf das, was zwischen Christoph und mir geschehen war, dass es mich sprachlos zurückließ.

WAS SIND DUALSEELEN?

Dualseelen sind Seelenverbindungen, in denen es um Lernprozesse geht. Man begegnet sich, ist sofort unfassbar stark voneinander angezogen, ohne sich diese Faszination erklären zu können – und kommt dann einfach nicht mehr voneinander los. Das Problem besteht darin, dass Dualseelen vollkommen gegensätzliche Aspekte darstellen. Sie sind für einander wie dunkle Spiegel. Meine Dualseele zeigt mir, was ich lernen muss. Nicht jede Dualseelenverbindung ist eine Liebesbeziehung, aber immer geht es um das harmonische Ausgleichen von Liebe. Während der eine Part (in der Dualseelenszene gerne *Loslasserin* oder *Loslasser* genannt) üblicherweise „zuviel" liebt, läuft der andere Part (*Gefühlsklärerin* oder *Gefühlsklärer* genannt) vor der Liebe regelrecht davon. Dass innerhalb einer solchen Konstellation viel Leid und viele Schmerzen auf beiden Seiten entstehen, liegt auf der Hand – vor allem, solange die Personen nicht wissen, in welcher Art von Prozess sie sich befinden. Man fühlt sich salopp gesagt wie in einer niemals mehr stillstehenden Achterbahn. Im Dauerlooping.

Ich selbst bin der Auffassung, dass beide Teile der Dualseele ihre „Rollen" innerhalb des Prozesses auch wechseln können. Für mich gibt es also nicht den klassischen *Loslasser* und den klassischen *Gefühlsklärer*. Beide Teile lernen in beiden Bereichen – zu unterschiedlichen Zeitpunkten.

Nachdem ich über die Dualseelentheorie gestolpert war und mich eingelesen hatte, packte mich erst einmal deutliche Ernüchterung. Weit und breit war nichts über glückliche Dualseelenpaare zu finden und die Schwierigkeiten, die sich innerhalb des Prozesses überall auftaten, klangen ehrlich gesagt alles andere als attraktiv. Ich beschloss, dass diese Informationen zwar interessant waren, mich aber nicht weiter tangieren sollten. Ich würde Christoph einfach abhaken. Es war verletzend gewesen, hatte mich extrem enttäuscht, es waren noch immer viele Fragen offen – aber ganz sicher würde dieser Mann mich nicht aus der Bahn werfen. Ich war bereits früher mit Liebeskummer konfrontiert gewesen, es hatte mich nicht umgebracht – so what?

Heute kann ich über diese anfängliche Naivität nur noch hochamüsiert lachen, denn selbstverständlich war es nicht so einfach. Aber das sollte ich erst mit der Zeit herausfinden.

Ich habe lange darüber nachgedacht, ob ich die gesamte Geschichte zwischen Christoph und mir tatsächlich detailliert aufschreiben soll. Und ich habe mich – bis auf die Schilderung zentraler Eckpunkte unserer Geschichte – dagegen entschieden. Man kann ein solches Buch mit wichtigeren Dingen füllen als mit einem minutiösen persönlichen Bericht, und wichtig ist eigentlich nur, dass es bei uns lief, wie es eben bei Dualseelen so läuft: Man begegnet sich, stellt fest, dass da etwas ganz Besonderes ist, das man sich nicht erklären kann, erlebt nie gekannte Glücksgefühle – und dann folgt der radikale Rückzug von einer Seite, was brachiales Leiden auf der anderen Seite nach sich zieht. Und natürlich kamen auch wir nicht ohne das berühmte Nähe-Distanz-Spiel aus, das sich im ungünstigsten Fall über ein ganzes Leben hinziehen kann.

Am Anfang weiß man nicht einmal, was geschieht. Ich fragte mich was ich nur falsch gemacht hatte.

Gar nichts. Ich hatte nichts falsch gemacht. Es war nicht mein Problem, dass er sich zurückzog. Es lag in der Natur dieser Begegnung. Wir brachten uns gegenseitig an die Aufgaben heran, die wir zu lernen hatten. Bei mir war es das Akzeptieren und Lassen, bei ihm war es das Annehmen von Nähe und die Aufgabe vermeintlicher Sicherheiten. Doch all das wusste ich zum Zeitpunkt des ersten Bruches noch nicht.

DER ZUSAMMENBRUCH

Auf Christophs unvermuteten (und mir damals völlig unverständlichen) Rückzug folgte bei mir der totale Zusammenbruch. Ich erkannte mich selbst nicht wieder. Normalerweise bin ich eine Frau, die ihren Weg im Leben mit einer Menge Power, ausreichend Ehrgeiz und vor allem jeder Menge Durchhaltevermögen geht. Ich kenne meine Schwächen, ich kenne meine Stärken – und zu dem damaligen Zeitpunkt war mein Leben durchaus in Ordnung. Ich hätte so weitermachen können. Meine Arbeit lief hervorragend, meine Romane waren auf dem Markt, ich schrieb an neuen Geschichten – ich fühlte mich, als stünde die Welt mir offen.

Von einen Tag auf den anderen war das anders. Das Verrückte daran: es hatte sich bei mir ja nichts wirklich verändert. Lediglich Christoph war in den Rückzug gegangen. Ich hätte das abhaken können, wie andere Männer zuvor. Zudem war ich ja selbst noch in einer erfüllten Beziehung. Sowohl Christoph als auch mir war klar gewesen, dass wir uns nicht von unseren Partnern trennen würden. Nicht nur die Tatsache, dass ich im Norden Deutschlands und meine Dualseele in der Schweiz lebte, war ein beträchtlicher Hinderungsgrund. Man gibt auch nicht einfach auf, was man über Jahre gelebt und geliebt hat. Der Verstand wusste das alles. Nur das Herz spielte plötzlich verrückt, und keiner von uns konnte sich erklären, wie wir überhaupt in dieses Chaos hineingeraten waren.

Christoph und ich hatten uns „zufällig" über ein soziales Netzwerk kennengelernt. Der Kontakt war über einen Zeitraum von mehreren Monaten sehr eng. Wir tauschten uns aus, wir unterstützten uns gegenseitig künstlerisch, wir wurden uns wichtig. Dann schlug er ein Treffen vor und kam in meine Stadt. Es war eine Begegnung, wie ich sie so nie zuvor erlebt hatte. Es war innig, es war schön, es war wie ein „Nach-Hause-kommen". Ich habe nie zuvor eine so starke Verbindung zu einem Menschen gefühlt. Es war eine selbstverständliche und umfassende Liebe, einfach so. Ich habe mir schon nach wenigen Minuten nicht vorstellen können, dass uns jemals wieder irgendetwas voneinander trennen könnte – so merkwürdig das auch klingt.

Das Treffen verging.

Und danach war plötzlich alles anders.

Meine Dualseele wirkte sichtlich überfordert. Ich ließ Christoph in den kommenden Tagen in Ruhe, auch wenn ich innerlich darauf brannte, zu erfahren, wie es nun seiner Meinung nach zwischen uns weitergehen sollte. Denn auf einmal waren sie da, diese Gedanken, dass es irgendwie weitergehen musste. Dass es irgendwo hinführen würde, auch wenn ich keinen blassen Schimmer hatte, warum. Das Gefühl war dennoch eindeutig. Ich hatte den Eindruck, dass sich unsere Leben grundlegend geändert hatten und dass es keine Möglichkeit gab, sich um die nun anstehenden Konsequenzen zu drücken. Doch da hatte ich die Rechnung ohne meine Dualseele gemacht.

Christoph ging so deutlich auf Abstand, dass ich die Welt nicht mehr verstand und schließlich nach einer knappen Woche nachhakte. Es stellte sich heraus, dass er mir nicht einmal wirklich sagen konnte, was genau ihm zu viel geworden war. Alles. Und nichts.

Die ganze Situation zwischen uns, die Gefühle, die Nähe, die merkwürdige Vertrautheit – all das versetzte ihn in völlige Panik. Für mich war das unverständlich, denn ich hatte ihn in den gesamten Tagen in Ruhe gelassen. Heute weiß ich, dass es darum nicht ging. Selbst, wenn ich mich nicht rührte, war ich ja da. Genauso, wie er pausenlos bei mir war, in den Gedanken, in den Gefühlen. Ich hatte den Eindruck, als würde er mich permanent begleiten und als müsste ich nur die Hand ausstrecken, um ihn berühren zu können. Meiner Dualseele ging es ähnlich.

Aber Christoph konnte damit noch deutlich weniger umgehen als ich und seine einzige Reaktionsmöglichkeit war der Rückzug.

Ich bat ihn um ein Gespräch per Skype, wir verabredeten uns für den kommenden Tag – und er sagte kurzfristig ab, mit der Begründung, es ginge ihm überhaupt nicht gut. Wir verschoben das Gespräch also um einen weiteren Tag. Das bedeutete, wie ich heute weiß, nicht nur für mich eine weitere schlaflose Nacht. Ich war zudem über den gesamten Zeitraum in einem kaum erträglichen Schwebezustand, den ich selbst nicht verstand. Ich war vollkommen handlungsunfähig. Das kannte ich von mir nicht. Es macht mir Angst, denn eine solche Hilflosigkeit hatte ich bisher noch nie erlebt. Aber noch viel weniger verstand ich, was plötzlich in Christoph gefahren war.

Ich hatte meine Dualseele als melancholischen und zurückhaltenden Menschen kennengelernt, als Künstler, der seine eigene Kunst nicht ernst nahm und sein Talent kaum sehen konnte. Er hatte eine schwere Zeit hinter sich, kämpfte mit depressiven Phasen und mit beruflichen Wandlungen, die existentielle Entscheidungen von ihm forderten – die er aber aufgrund vieler Blockaden und Ängste nicht fällen konnte. Christoph befand sich in einer Endlosschleife der Handlungsunfähigkeit und es ging ihm damit alles andere als gut.

Bei unserer persönlichen Begegnung war alles anders gewesen, er blühte innerhalb von Sekunden auf. Ich weiß nicht, woran es lag und auch heute noch frage ich mich manchmal, ob es eine Fassade war. Doch tief in meinem Inneren weiß ich, dass es das nicht war. Es muss dieser Moment gewesen sein, in dem sich die Seelen wiedererkannten. Und damit überschritten wir einen Point of no return.

Als Christoph und ich uns dann über einen Videochat „wiedersahen", saß ein Wildfremder vor mir. Ich habe ihn nicht wiedererkannt. Er war ein Eisblock, und nichts in seiner Mimik, Gestik oder Stimme erinnerte an den warmherzigen Mann, mit dem ich einen der schönsten Tage meines Lebens verbracht hatte.

Ich war vollkommen irritiert und alles, was ich für dieses Gespräch vorbereitet hatte, war plötzlich hinfällig. Er ließ mich nicht einen Millimeter an sich heran. Das Ergebnis des Gespräches war: „Da ist nichts!" Und da würde niemals etwas sein. Er würde den freundschaftlichen Kontakt aber weiterhin wollen. Bloß nicht den Kontakt abbrechen! Doch das war›s, mehr kam für ihn nicht in Frage.

Ich konnte es nicht begreifen. Für mich brach innerhalb von Sekunden eine Welt zusammen. Es war so unglaublich schmerzhaft, dass ich glaubte, im nächsten Moment sterben zu müssen.

Ich habe nie einen besonderen Hang zur Dramatik gehabt, aber dieser Augenblick lässt sich nicht anders beschreiben. Jeder, der diesen massiven Bruch in der Beziehung zur Dualseele hinter sich hat, kennt das, was geschieht. Es ist mit nichts zu vergleichen, das man zuvor im Leben bewältigen musste. Und es kommt einem selbst vollkommen lächerlich vor, weil man nicht verstehen kann, wieso einen diese Trennung plötzlich so verletzt.

Mich ließ das Gespräch mit Christoph vollkommen schutzlos zurück. Ich fühlte mich wie gehäutet. Und ich konnte einfach nicht verstehen, warum das so war.

RIEN NE VAS PLUS

Es folgten Wochen, von denen ich bis heute nicht weiß, wie ich sie überhaupt überlebt habe.

Nichts ging mehr. Ich hatte große Mühe, meinen Alltag zu bewältigen und brach immer wieder aus dem Nichts heraus in Tränen aus. Mein gesamter Körper schmerzte, meine Muskulatur war verkrampft, ich konnte nicht mehr schlafen – und zusätzlich zu den eigenen Gefühlen von Trauer und Verlust hatte ich irritierenderweise den Eindruck, auch noch Christophs Emotionen mit abzubekommen. Es war, als würden mich immer wieder Gefühlswellen überrollen, von denen ich weder wusste, woher sie genau kamen, noch, wie ich mich gegen sie abgrenzen sollte.

Ich verstand die Welt nicht mehr. Nichts von all dem, was geschehen war, ergab auch nur ansatzweise Sinn.

Zeitgleich mit Christophs Abwendung geriet auch meine berufliche Existenz ins Wanken. Von einer Sekunde auf die nächste kam der ganze Fluss ins Stocken. Aus vielen verschiedenen Gründen, die alle überhaupt nichts mit meiner Arbeit zu tun hatten, brachen mir auf einmal die Kunden weg: Auslandssemester, kranke Eltern in anderen Städten um die man sich nun kümmern musste, plötzliche Umzüge – alle möglichen nachvollziehbaren Gründe tauchten auf. Außerdem kamen von einen Tag auf den anderen überhaupt keine neuen Anfragen mehr. Ich stand vor einem Rätsel.

Heute kann ich mir erklären, was geschehen ist. Meine Kunden müssen instinktiv gespürt haben, dass bei mir energetisch nichts „zu holen" war. Ich fühlte mich zu diesem Zeitpunkt komplett leer, ich war kaum in der Lage, mir selbst zu helfen. Wie hätte ich dann irgendjemandem wirklich helfen können? Ich war ja selbst nicht bei mir, sondern regelrecht aus meiner Persönlichkeit und meiner Stärke herausgeschleudert worden. Mein Umfeld reagierte schlicht und einfach auf diesen radikalen Wandel in meinem eigenen Energiesystem. Noch heute erstaunt mich die Effektivität, mit der das geschah. Ich brach zusammen – und die Praxis war innerhalb von 2 Tagen wie leergefegt.

Selbstverständlich führte das bei mir zu zusätzlicher Panik, denn welcher Selbständige kann es sich erlauben, dass ihm das Unternehmen um die Ohren fliegt? Trotzdem kann ich aus heutiger Sicht nur dankbar für diese „von oben verordnete" Zwangspause sein. Ich hätte zum damaligen Zeitpunkt einfach keine gute Arbeit leisten können, und das hätte weder meine Patienten noch mich glücklich gemacht. Ich war nicht in meiner Mitte, ich war unkonzentriert, ich war unruhig. Ich schlief so gut wie gar nicht mehr, und wenn doch, dann war Christoph in jeder Nacht in meinen Träumen. Und je mehr ich versuchte, mich zusammenzureißen, desto schlimmer schien dieses Gefühl von Trauer und Schmerz zu werden.

Dazu kam, dass diese Blockade mir das nahm, was mich sonst immer durch Krisen aller Art gebracht hatte: meine Kreativität.

Schreiben hat mich in meinem Leben stets begleitet, es ist meine Art des Ausdrucks, meine Kunst und mein Handwerk. Es war da, wenn es mir gut ging und es war da, wenn es mir schlecht ging. Inzwischen verdiente ich auch Geld mit Literatur und mein Verlag wartete auf den neuen Roman von mir. Ich konnte es mir schlicht und einfach nicht erlauben, blockiert zu sein.

Das interessierte den Dualseelenprozess allerdings herzlich wenig.

Rien ne va plus! Ich saß wochenlang herum, starrte das Manuskript an, starrte Wände an, starrte aus dem Fenster. Die Gedanken kreisten pausenlos um Christoph. Er war für mich, auch was meine künstlerische Inspiration anging, ein Geschenk gewesen. Unser Austausch hatte mich beflügelt. Ich behaupte gerne, dass er für mich eine „Muse" war, dass er meine besten Seiten als Schriftstellerin hervorzukitzeln verstand. Jetzt, mit seinem Rückzug, fehlte er mir auch in diesem Bereich entsetzlich. Ich kam einfach nicht mehr auf die Füße, erkannte mich nicht wieder und irgendetwas in mir konnte die ständige innere Fragerei nicht abstellen. Was war nur geschehen? Hatte ich mich geirrt? Hatte das alles überhaupt nichts bedeutet? Wie konnte er es sich so einfach machen? War ich vielleicht nur eine von vielen und das Ganze die Masche eines neurotischen Narzissten?

Ich quälte mich mit all diesen offenen Fragen und hatte doch zugleich das Gefühl, sie Christoph weder stellen zu können noch dies zu dürfen. Nicht jetzt, nicht sofort. Es war alles noch so frisch. Ich hätte keine weiteren Verletzungen ertragen, keine erneute Zurückweisung. Und ich war auch nicht sicher, ob er mir zu diesem Zeitpunkt überhaupt Antworten hätte geben können. So verwirrt und durcheinander ich auch war – ich spürte, dass es ihm ebenso ging. Natürlich konnte ich nicht sicher sein und ich fragte mich, ob ich ihn unbewusst in Schutz nahm. Freunde, denen ich von der Sache erzählte, zeigten mir ganz pragmatisch den Vogel. „Der hat es sich halt einfach gemacht. Arschloch. Vergiss ihn!"

Wie alle Dualseelenprozessbetroffene aus eigener leidvoller Erfahrung wissen – das mit dem Vergessen hat so seine Tücken.

Ich tat das Einzige, was mir in diesem Moment übrig blieb: Ich ließ Zeit verstreichen, in der Hoffnung, dass alles einfach nur ein Irrtum war, dass Christoph sich schon noch besinnen würde, dass es eine reine Panikreaktion gewesen war und sich alles innerhalb kürzester Zeit wieder würde bereinigen lassen.

Weit gefehlt.

Die Zeit verging. Ich hangelte mich von Tag zu Tag und war an jedem Abend froh, wieder einen weiteren überstanden zu haben. Der Kontakt zwischen Christoph und mir war nicht abgebrochen, weil wir das beide nicht wollten – wie ich heute weiß, der damals für mich schlimmste Fehler – aber dieser Kontakt bestand nur noch sehr fern über das soziale Netzwerk und so gut wie nie aus direkten Nachrichten.

Ich litt wie ein Hund. Ich fühlte mich, als hätte man mir einen Teil meiner Seele herausgerissen, jede Leichtigkeit und Freude war abhandengekommen und ich konnte mir einfach nicht erklären, was mit mir geschehen war. Die Entdeckung der Dualseelen-Theorie brachte dann endlich einen Funken Hoffnung zurück. Ich las alles darüber, was ich finden konnte – und ich war erleichtert. Offensichtlich war ich weder verrückt noch hatte ich mir etwas eingebildet. Auch andere Menschen kämpften mit diesen Herausforderungen. Und es klang, als könnte man die Angelegenheit steuern, als wäre es möglich dazu beitragen, dass es wieder würde wie zuvor. Und noch besser! Ich beschloss, mich mit Begeisterung an die Arbeit an meinen Lernaufgaben zu machen.

Nur: Meine gesamte Konzentration hatte sich anderweitig verabschiedet. Ich konnte mich nicht fokussieren, stand kaum noch meinen Alltag durch. Jeder Tag wurde zu einer unendlichen Folge von gleichförmigen Stunden, in denen ich so gut wie nichts schaffte. Ich konnte nicht mehr arbeiten. Ich konnte nicht mehr schreiben, was für mich bitter und unerklärlich war. Ich konnte mich an nichts mehr freuen, weil ich Christoph permanent unter starken Schmerzen vermisste. Ich hatte zeitweise das Gefühl, vor Sehnsucht zu sterben – und kam mir zugleich unfassbar lächerlich vor. Wir hatten nicht einmal eine Beziehung geführt – und trotzdem ging ich in jeglicher Hinsicht vor die Hunde. Das passte nicht zu mir, es passte nicht zu meinem Leben, und ich konnte und wollte mich damit nicht abfinden. Es musste eine Möglichkeit geben, mich aus dieser Verstrickung zu befreien.

IM NAMEN DER LIEBE

Ich durchforstete Foren, las wochenlang jede Menge Bücher zum Thema Dualseelen – und ich musste zugeben, dass ich mich mehr und mehr mit einem Problem konfrontiert sah: Alle Informationen, die ich fand, erschienen mir stimmig. Aber der Umgang damit löste bei mir oft deutliches Befremden aus. Ich las von Menschen, die seit Jahren in der Leidensschleife rotieren. Die sich nicht einen Schritt vorwärts bewegen, oder aber immer wieder zurückgeworfen werden. Ich konnte die Schmerzen und die Sehnsucht nach der Dualseele vollkommen nachvollziehen, denn ich hing ja selbst tief in dieser düsteren und energieraubenden Anfangsphase. Doch die Vorstellung, genau dort zu bleiben, und das im schlimmsten Fall für den Rest meines Lebens, erschreckte mich zutiefst.

Ich vermisste Christoph, ja! Es war ein Vermissen, das ich auf diese Weise noch nie erlebt hatte. Es war verstörend, aufreibend, es brachte mich an meine Grenzen. Diese Verbindung musste etwas Besonderes sein, alles andere ergab schlicht und einfach keinen Sinn. Doch ich war nicht bereit, mich in die Warteposition zu begeben und alles mit mir machen zu lassen. Es dauerte allerdings einige Monate, bis ich das begriffen hatte. In all dieser Zeit hoffte ich inständig, dass sich zwischen Christoph und mir schon alles wieder einrenken würde. Wir standen ja nach wie vor in Kontakt, und ich hatte den Eindruck, die Situation würde sich mehr und mehr entspannen. Dennoch war es nichts im Vergleich zu früher. Er blieb auf Distanz. Immer. Und für mich war es entsetzlich, über das soziale Netzwerk mitzubekommen, wie andere Frauen sich stellenweise überaus billig an ihn heranwarfen.

Meine Dualseele ist ein Mann, der auf Frauen wirkt, anders kann man das nicht sagen. Er legt es nicht darauf an. Sie umschwärmen ihn wie die Motten das Licht. Man kann ihm zugutehalten, dass er das nicht ausnutzt, aber dennoch war es für mich zu diesem Zeitpunkt fast unerträglich. Täglich litt ich vor mich hin und das Kopfkino war gnadenlos. Trifft er jetzt einfach eine andere? Hat er mich ersetzt? War ich gar nicht wichtig für ihn? Alle diese Fragen machten mich langsam aber sicher fertig, so souverän ich mich ihm gegenüber auch gab.

Ich gehöre zu den Frauen, die über eine recht gute Impulskontrolle verfügen und dafür bin ich überaus dankbar. Ich neige nicht zu spontanen Panikreaktionen. Es ist mir in vier Monaten nur zweimal passiert, dass ich den Kontakt per Nachricht suchte und Christoph gegenüber zugab, ihn zu vermissen. Man kann sagen, dass ich ihn ziemlich in Ruhe gelassen habe – schlicht und einfach, weil ich mich selbst schützen wollte und zudem den Eindruck hatte, dass alles andere ohnehin nur zu vermehrtem Rückzug führen würde. Ich nahm mich also bestmöglich aus dieser Verbindung heraus. Dennoch litt ich unter der halbseidenen Situation, die kein wirklicher Kontakt mehr war aber auch kein Loslassen ermöglichte. Für Christoph war – aus meiner heutigen Sicht – diese Situation sehr bequem. Er wusste, ich war da. Er musste sich nicht ein Stück bewegen, sich nicht anstrengen, sich nicht entwickeln, gar nichts.

Monatelang dachte ich – angeregt durch das, was in der „Dualseelenszene" überwiegend kommuniziert wird – ich müsste einfach nur bedingungslos lieben und ihm Zeit geben, dann würde sich schon alles finden. Was dieses „alles" sein sollte, konnte ich damals selbst nicht genau definieren. Ich wusste nur: Ich wollte den Kontakt, ich wollte Christoph wiedersehen und vor allem wollte ich herausfinden, was da zwischen uns schlummerte.

Es erschien mir alles wie ein riesiges Rätsel. Immer wieder beschlichen mich Zweifel: Konnte es sein, dass ich mir alles nur eingebildet hatte? War unser Kontakt vielleicht nur für mich schön gewesen? War es ihm vollkommen anders gegangen? Bedeutete ich ihm vielleicht wirklich überhaupt nichts?

Auch die Dualseelentheorie brachte mich an diesem Punkt nicht weiter. Ich spürte zwar, dass etwas uns verband – aber die sicht-

baren Fakten sprachen eine vollkommen andere Sprache. Gutge-
meinter Rat, ich müsste mich „von meinem Ego befreien", „einfach nur loslassen" oder „auf die innere Stimme hören" war zwar
schön anzuhören, aber wie genau ich das tun sollte, was mir dabei
helfen könnte, das konnte mir niemand sagen. Und was genau das
alles bringen sollte ebenfalls nicht.

Zerstörerisch waren für mich die Phasen, in denen Christoph mit
seiner Freundin unterwegs war. Die beiden führten eine etwas
seltsame Beziehung. Sie sahen sich wochenlang nicht, fuhren aber
dann gemeinsam in den Urlaub. Ich habe diese Struktur nie wirklich durchschaut, aber das war – wie ich jetzt weiß – auch nicht
meine Aufgabe. Damals litt ich in diesen Zeiten entsetzlich vor
mich hin, weil ich mir natürlich vorstellte, wie harmonisch diese
Beziehung sein musste. Ich war wütend auf diese Frau, die Zeit
mit ihm verbringen durfte. Ich kam fast um vor Eifersucht, die
ich mir selbst nicht einmal erklären konnte. Bisher war ich nie ein
besonders eifersüchtiger Mensch gewesen. Nun, bei Christoph,
brachte es mich fast um den Verstand.

Ein Tiefpunkt kam im Sommer. Ich hatte mich nach langem
Rückzug aus dem Versteck gewagt und Christoph eine Nachricht
geschickt. Hatte ihn wissen lassen, dass ich ihn gerne wiedersehen würde – und dass ich dafür sogar in die Schweiz reisen würde. Eine Andeutung von ihm hätte damals genügt und ich wäre
ohne zu Zögern in das nächste Flugzeug gestiegen. Das sagte ich
ihm nicht, aber allein das Bekenntnis, dass ich ihn unbedingt
wiedersehen wollen würde, war ein riesiger Schritt für mich. Ich
machte mich damit unglaublich verletzlich.

Es war wie in einem richtig guten Drehbuch: Mein Timing für
diese Nachricht hätte schlechter nicht sein können. Christoph
antwortete zwar sofort, doch er schrieb, er würde gerade auf ein
Taxi warten, das ihn zum Flughafen bringen würde. Es ginge jetzt
über das Wochenende nach Paris.

Paris.

Mir wurde schlagartig übel. Ich schaffte es noch, ihm eine wunder-
schöne Zeit zu wünschen, während ich das Gefühl hatte, im

nächsten Augenblick sterben zu müssen. In den folgenden Tagen fanden sich dann Bilder aus der Stadt der Liebe auf seinem Profil – die er selbstverständlich nicht alleine bereiste.

Ich kann mich nicht erinnern, dass es mir jemals zuvor in meinem Leben so schlecht gegangen war. Die Abwärtsspirale hatte einen Tiefpunkt erreicht und das war alles andere als erheiternd. Doch eines wurde mir in dieser Phase mehr als deutlich klar: So konnte es nicht weitergehen! Mein Leben stagnierte, während Monsieur nach Paris flog. Ich litt, während er einfach weitermachte, als wäre gar nichts geschehen. Ich zerbrach mir Kopf und Herz, während er – ja, während er was?

Die offenen Fragen hatte ich noch immer, doch nun wuchs in mir der Plan, sie ihm auch endlich zu stellen. Ich hatte nichts mehr zu verlieren. Ich riss mich zusammen und sah mir die knallharten Fakten an: Was auch immer ich zu fühlen glaubte, die Realität sprach eine andere Sprache! Er wollte mich nicht! Er flog mit seiner Freundin in der Welt herum, nach Paris, sonstwohin. Er widmete sich den Dingen, die ihm gut taten, ohne Rücksicht auf Verluste. Dass es ihm dabei nicht gut ging, und sich dieses sowohl in den Aussagen im sozialen Netzwerk als auch in seiner Arbeit als Fotograf spiegelte, war eine andere Sache. Es veränderte aber nichts an der Grundsituation.

Und trotzdem hielt er an unserem Kontakt fest, supportete sehr engagiert meine Bücher, gratulierte mir liebevoll zum Geburtstag – kurz gesagt: Er tauchte immer einmal wieder kurz auf, um dann nur umso mysteriöser wieder in der Versenkung zu verschwinden. All das passte nicht zusammen – und es machte mich vollkommen fertig. Ich hatte den Eindruck, dass er dachte, ich wäre längst über alles hinweg, denn ich gab mich nach außen stark. Die Fragen aber blieben. Und im Gegensatz zu der Zeit direkt nach dem Bruch war ich nun wild entschlossen, keine Rücksicht mehr zu nehmen, ob ihn diese Fragen vielleicht überfordern könnten. Ich brauchte Antworten! Koste es, was es wolle!

Ich benötigte weitere drei Wochen, bis ich eine E-Mail geschrieben hatte, die alles enthielt, das mir wichtig war. Kurzfristig hatte ich darüber nachgedacht, einen Brief zu schicken, weil mir das irgendwie angemessener erschien als elektronische Post – doch dann dachte ich darüber nach, wie es mir gehen würde in der Zeit, in der dieser Brief unterwegs war. Dass ich nicht wissen würde, wann Christoph ihn erhielt. Und dass ich natürlich mit einem handgeschriebenen Brief eine Symbolik in diese Sache legte, die ihn wiederum komplett überfordern könnte. Ich entschloss mich letztendlich also zu einer E-Mail. Und diese sollte vor allem einer Person dienen: mir selbst und meiner Klarheit!

Es kam, wie es kommen musste: Meine Dualseele war komplett überfordert. Dennoch war die Reaktion offen und liebevoll – und ich bekam tatsächlich Antworten. Das rechne ich Christoph nach wie vor hoch an. Er hätte schweigen und es sich so sehr leicht machen können. Oder er hätte behaupten können, zwischen uns wäre einfach nichts gewesen und ich würde mir alles nur einbilden.

Das erste, was ich jedoch als Reaktion auf meine E-Mail von ihm bekam, war die Bitte um Zeit. Er würde mir antworten, aber er müsste zuvor in Ruhe nachdenken. Für mich war das vollkommen in Ordnung. Ich war erleichtert, dass wieder Bewegung in die Sache kam, und auf ein paar Tage mehr oder weniger kam es nach all den Monaten wirklich nicht mehr an.

Es dauerte zehn Tage. In dieser Zeit ging es mir gut, denn ich hatte das Gefühl, alles getan zu haben, was ich tun konnte. Es lag schlicht und einfach nicht mehr in meiner Hand. Aber natürlich war ich gespannt auf Christophs Antwort.

Als diese schließlich kam, half sie mir tatsächlich weiter. Nein, ich hatte mich nicht geirrt. Unsere Begegnung hatte ihm ebenso den Boden unter den Füßen weggezogen wie mir. Er hatte die Zeit mit mir genossen, es war auch für ihn wunderschön gewesen – etwas zu schön eben. Es hatte ihm Angst gemacht, weil er es nicht einordnen konnte, weil die Nähe überwältigend gewesen war, weil er sich noch in einer Beziehung befand – und weil er schließlich niemals etwas Festes mit mir hatte anfangen wollen. Deshalb war er der Meinung gewesen, ein Rückzug seinerseits würde es uns beiden leichter machen. Frei nach dem Motto: „Vielleicht ist das Kind ja noch nicht allzu tief in den Brunnen gefallen und man kann es wieder rausfischen."

Ich verstand ihn – aber das machte es nicht das kleinste bisschen leichter. Und der Mailwechsel, der in der Folge entstand, bedeutete für mich einen radikalen Wendepunkt. Ich war bisher immer verständnisvoll gewesen, hatte Christoph in Frieden gelassen, hatte gedacht, wenn ich ihm Zeit und Raum gab, dann würde sich das Dilemma lösen. Allerdings konnte ich mit dem in der Dualseelen-Szene oft präsenten Ansatz, dass man sich nur mit genügend Liebe und wohlwollenden Gedanken seiner Dualseele und der ganzen Welt widmen müsse, dann würde sich schon alles finden, noch nie wirklich viel anfangen. Das mag jetzt einige verschrecken, aber: Mir war das alles einfach zu „weichgespült".

Ich litt, ja. Aber ich sah den Sinn darin nicht. Warum sollte sich das Universum, Gott oder wer auch immer eine Konstellation ausdenken, in der man gezwungen war zu leiden? Ich halte nichts von Vorwürfen, nichts vom ausufernden Jammern über Jahre und schon gar nichts von Gurus, die mir erklären wollen, wie ich mein Leben nun – nach der Dualseelenbegegnung – zu leben habe. Mich interessiert ehrlich gesagt auch überhaupt nicht, ob man mir Egoismus, Exzentrik oder sonst irgendetwas vorwerfen kann. Mir ging es nach diesen Monaten der Blockade und der Verzweiflung einfach nur noch darum, aus dieser Abwärtsspirale wieder herauszukommen. Notfalls eben ohne Christoph! Das war ein Gedanke, der direkt nach seinem Rückzug unmöglich gewesen wäre. Ich hätte alles getan, nur um ihn zu halten – auch, wenn ich mir nicht erklären konnte, warum mir so viel an dieser Verbindung lag! Jetzt, vier Monate später, war das anders.

Ich war nicht mehr bereit, alles mitzumachen. Ich war nicht mehr bereit, im Wartezimmer aus Angst, Sehnsucht und Verzweiflung zu sitzen, mit einem Kopfkino, das mir einen Horrorfilm nach dem anderen bescherte. Und ich war nicht mehr bereit, mich selbst klein zu machen und permanent Rücksicht auf Christophs

Befinden zu nehmen. Meine Dualseele erholte sich gerade von einem heftigen Burnout. In Christophs Leben ging es drunter und drüber – doch bei aller Liebe konnte und wollte ich darauf keine Rücksicht mehr nehmen. Es musste etwas passieren, tiefgreifend und schnell. Egal, was irgendwelche Gurus davon hielten. In der Folge ging ich in den kompletten Egoismus hinein, ohne dabei Scham oder Schuld zu empfinden. Es sollte ab sofort nur noch um mich gehen. Basta!

Das, was mir in all dem Chaos wirklich weitergeholfen hat, ist ein einfacher Gedanke, und er ist alles andere als neu: Was würde die Liebe wollen?

Die Liebe würde nicht wollen, dass du dich quälst. Sie würde nicht wollen, dass du dich und deine Pläne, Ziele und Wünsche aufgibst für einen Menschen, der – zumindest zu diesem Zeitpunkt deines Lebens, sonst würdest du dieses Buch nicht lesen – ein Phantom darstellt. Die Liebe würde nicht wollen, dass du vor Schmerzen handlungsunfähig wirst, deinen Job riskierst oder gar verlierst, alleine zu Hause sitzt oder dich immer tiefer in der Suche nach Erklärungen verlierst, die dir niemand wirklich geben kann.

Leiden im Namen der Dualseelenverbindung – das scheint innerhalb der „Szene" eine große Sache zu sein. Im Leid zu bleiben widerspricht mir aber als Persönlichkeit komplett. Ich war selbst über Monate in dieser Leidensspirale gefangen, ich konnte mir nicht erklären, warum mir meine ganze Kraft verloren gegangen war und es dauerte einige Zeit, bis ich mich soweit wieder sortiert hatte, dass ich mich neu ausrichten konnte. Bewusst neu ausrichten!

Ich weiß, wie schwer das ist. Aber es ist möglich. Und ich halte es für unabdingbar, wenn man wieder die Kontrolle über sein Leben zurückerlangen möchte. Man braucht eine klare Entscheidung, einen „Kompass" für die Richtung, in die es nun gehen soll. Und dann muss man losgehen. Ohne die Dualseele.

Vielen *Loslassern* wird gepredigt, sie müssten aus dem Verstand ins Herz kommen, eine Balance herstellen zwischen Emotion und Vernunft. Ja, das sehe ich auch so. Aber das bedeutet nicht, sich wie ein willenloses Schaf den Gefühlen hinzugeben und den Kopf gänzlich auszuschalten. Es bedeutet allerdings auch nicht, alles verstandesmäßig zu zerpflücken. Niemandem, am wenigsten dir oder deiner Dualseele, ist damit gedient, dass du immer und immer wieder die gleichen Probleme analysierst. Im Gegenteil, es führt zu Stagnation, denn in dieser Endlosschleife kann und wird sich nichts bewegen. Zugleich wird sich aber auch nur wenig bewegen, wenn du die Situation unangetastet lässt und dich mit deinen eigenen offenen Themen, die durch diese Dualseelenbegegnung angestoßen wurden, nicht beschäftigst. Vertrauensvoll an die Aufgaben gehen, dort liegt einer der Schlüssel, um sich wieder besser zu fühlen.

Was also würde die Liebe wollen?

Sie würde wollen, dass du dich um dich selbst kümmerst. Sie würde wollen, dass es dir gut geht, was auch immer dich aus der Bahn geworfen hat. Sie würde wollen, dass du aufstehst, dir die Knie abklopfst, dass du dein schiefes Krönchen richtest und selbstbewusst deine Ziele angehst. Das ist nicht neu, diese Information findet sich in unzähligen Büchern über Dualseelen. Ich bin mir sicher, dass du es bereits nicht mehr hören kannst. Aber es ist wahr.

Wir haben sehr oft keinen Einfluss darauf, was uns zustößt, und auch die Dualseelenbegegnung ist nichts, dem wir ausweichen können. Es ist nun einmal passiert. Worüber wir aber Macht haben, ist der Umgang mit dieser Situation. Jeder bestimmt selbst, an jedem einzelnen Tag, wie er mit dem Erlebten umgeht. Ob es lähmende Strukturen sind oder befreiende. Ob wir uns zurückziehen und hilflos auf Rettung warten, oder ob wir das Leben in Angriff nehmen und mit unserer Kraft und unserem Einsatz gestalten. Das bedeutet nicht, dass die Dualseele für dich weniger wichtig wird. Aber das Wichtigste bist noch immer du selbst. Du kannst und sollst den anderen von Herzen lieben – aber dich selbst immer ein klein wenig mehr.

Klingt egozentrisch? Vielleicht. Na und?

Also, mal ganz ehrlich und unter uns: Was würde die Liebe für dich wollen?

AUSWEGE – RAUS AUS DEM GEDANKENKARUSSELL

Ich stand nun also da, mit dem Ergebnis meiner Offenheit und meines Kampfes um Christoph. Es hatte viele gute Dinge mit sich gebracht, die Karten auf den Tisch zu legen.

Ich hatte Antworten auf die meisten meiner offenen Fragen erhalten und so zumindest die Gewissheit erlangt, dass ich mir nicht eingebildet hatte, dass zwischen Christoph und mir etwas Besonderes gewesen war. Und: Ich hatte die absolut klare Ansage von ihm, dass er kein Interesse daran hatte, weitere Schritte zu gehen und dass er keine Beziehung mit mir wollte. Ende der Durchsage.

Ich wiederum war an einem Punkt, an dem ich mir diese Schmerzen, die Ungewissheit und das Leiden nicht mehr antun wollte. Ich hatte genug! Mein Leben war in den vergangenen Wochen und Monaten den Bach runtergegangen und ich musste einfach wieder zu mir selbst finden. Im noch so entfernten Dunstkreis von Christoph war mir das nicht möglich. Ich fühlte mich wie einer endlosen Warteschleife – und um ehrlich zu sein, ging mir das Gedudel der Pausenmusik mehr und mehr auf den Zeiger. Ich bin definitiv keine Frau für halbe Sachen, keine Frau für Versteckspiele und schon gar nicht für das emotionale Abstellgleis.

Ich habe meinen Entschluss, Christoph mit den offenen Fragen zu konfrontieren, nie bereut. Es war die einzige Möglichkeit, aus der Erstarrung herauszukommen. Man kann nicht erwarten, ein anderes Ergebnis als das bisherige zu erzielen, wenn man immer und immer wieder die gleiche Aktion ausführt. Es konnte nichts in Bewegung kommen, solange ich mich nicht bewegte.

Ich kann nur dazu raten, Antworten einzufordern. Auch wenn diese negativ ausfallen – und höchstwahrscheinlich werden sie das zunächst – kann sich dann endlich etwas weiterbewegen.

Doch was, wenn die Dualseele keine Antworten gibt? Wenn auf Fragen nur Schweigen folgt?

Ich bin Christoph wirklich dankbar dafür, dass er mir diese quälende und erniedrigende Erfahrung erspart hat – allerdings auch erst, nachdem ich meine Fragen deutlich formulierte und ihm die nötige Zeit zur Reflektion gab. Er wäre niemals von selbst mit der Sprache herausgerückt, und auch bei unserem Videotelefonat einige Monate zuvor hatte er komplett abgeblockt. Dennoch weiß ich von vielen Fällen, in denen Fragen offen bleiben – egal, wie viel Zeit man gibt und wie deutlich man formuliert. In diesem Fall bleibt nur, dies zu akzeptieren, so schwer es fällt. Offensichtlich ist das Gegenüber zum aktuellen Zeitpunkt nicht in der Lage (oder nicht Willens), sich zu äußern. Niemand kann dazu gezwungen werden.

Oder, wie Christoph einmal in einem anderen Zusammenhang so schön sagte: „Etwas gelesen zu haben bedeutet nicht, dass man auch antworten muss."

In solchen Fällen ist es umso wichtiger, zu sich selbst zurückzukehren. In die eigene Mitte. Sich selbst wichtig zu nehmen. Es ist schwer, wenn offene Fragen zurückbleiben. Aber eventuell klären sich diese zu einem späteren Zeitpunkt. Hier bietet sich eine große Chance, Gelassenheit zu lernen und das Vertrauen in den Fluss der Dinge. Was sich finden soll, findet sich zum geeigneten Zeitpunkt.

Ich hatte nun Antworten. Ich wusste, dass zwischen uns etwas Besonderes war. Ich wusste, dass Christoph es auch spürte, dass es ihm klar geworden war. Und doch steckte er den Kopf in den Sand und zog seine bisherigen Sicherheiten unserer Nähe vor.

Diese Erkenntnis tat fürchterlich weh, denn ich hatte alles versucht. Es gab für mich nichts mehr zu tun. Ich musste akzeptieren, was war. Und ich musste dringend wieder zu mir selbst finden. So schwer es war, mir gab diese neue Situation nach dem Mailaustausch die Kraft, endlich wieder auf mich selbst zu sehen – und Christoph sprichwörtlich zu lassen, wo der Pfeffer wuchs.

Natürlich gestaltete sich diese Phase alles andere als einfach. Ich strauchelte heftig, so sehr ich auch versuchte, mich abzugrenzen. Das konnte doch nicht wahr sein! Ich war mir so sicher gewesen, dass wir einfach nur einmal über alles in Ruhe würden reden müssen! Dass sich dann alles klären lassen würde! Dass es ein Irrtum gewesen war, und dass er seinen Rückzug auch schon längst bereute.

Wenn er es tat, dann gab er es zumindest nicht zu. Und mir wurde klar, dass mir nur eines blieb: aus dieser Sache mit hoch erhobenem Kopf und zumindest dem Rest meiner Würde herauszumarschieren.

Genau das tat ich. Ich brach den Kontakt ab. Es tat mir insgeheim fürchterlich weh. Es fiel kein böses Wort zwischen uns, aber für mich gab es keine andere Option mehr. Ich wollte nicht ewig die Frau in der Warteschleife sein, ich wollte nicht mehr über das soziale Netzwerk mitbekommen, was er wann tat und wen er wann traf, und ich wollte schon gar keine romantischen Parisurlaube mehr aus der Ferne begleiten! In mir regte sich Rebellion und zum ersten Mal: Wut! Wut auf ihn, der mich so verletzt hatte, weil er zu feige war, zu seinen Gefühlen zu stehen. Wut auf mich, weil ich das alles monatelang mit mir hatte machen lassen. Weil ich in der Warteposition verharrt hatte, aus Angst, ich würde bei Klärung auch diesen letzten Kontakt zu Christoph noch einbüßen.

In diesem Moment wurde mir klar, dass ein Fortbestehen des Kontaktes in dieser Form absolut sinnlos war. Er erfüllte für Christoph vielleicht den Zweck, dass er sich nicht schlecht fühlte. Immerhin hatte ich ihn nicht zum Teufel gejagt. Vielleicht schmeichelte es insgeheim auch seinem Ego, ich weiß es nicht. Aber einer Person in dieser Konstellation brachte dieser Kontakt definitiv nichts mehr ein als brutalste Schmerzen – und das war ich.

Also nahm ich mich nach reiflicher Überlegung aus dieser Verbindung heraus. Christoph willigte in den Kontaktabbruch ein. Er wäre nicht bereit weitere Schritte zu gehen, er hätte enorm viel

Chaos in seinem Leben – was stimmte, davon wusste ich – und es sei einfach kein Platz für anderes. Ich sollte das bitte verstehen.

Ich verstand. Nicht. Und doch. Es war ja klar gewesen, dass es so kommen würde. Und es gab keine bessere Lösung. Und doch war es furchtbar schwer.

Nachdem wir beide uns offiziell aus den Leben gegangen waren, fühlte ich mich drei Tage lang, als wäre ich gestorben – und Christoph gleich mit.

Ich kann mich nicht erinnern, mich jemals zuvor so merkwürdig gefühlt zu haben wie in dieser Zeit. Es war eine völlig neue Dimension von Verlust. Ich war nur noch leer, meine ganze Energie war verschwunden, ich schaffte es kaum noch, morgens aufzustehen. Ich heulte nahezu pausenlos, wenn ich alleine war. Doch ich biss mich durch. Und eines war großartig an dieser Situation, so sehr sie mich auch erneut aus der Bahn warf: Ich hatte die Macht über mein Leben wiedergewonnen, indem ich Grenzen zog. Ich hatte deutlich kommuniziert, was für mich ging und was nicht. Ich hatte Christoph eingeladen, auf unseren gemeinsamen Zug zuspringen. Er hatte es abgelehnt – und nun zog ich eben klare Konsequenzen.

Ich bin mir heute sicher, dass er damit nicht gerechnet hat. Eventuell hatte er bisher nur mit Frauen zu tun, die nicht besonders konsequent waren – doch da war er bei mir an der falschen Adresse. Ich bin ein ziemlich einfühlsamer Mensch, aber ich kann auch ein fürchterlicher Dickschädel sein, wenn es darauf ankommt. Und hier, das wurde mir in dieser Phase bewusst, ging es um das Wichtigste überhaupt: um mich selbst! NUR um mich!

Es war egal, wie Christoph dazu stand. Es war egal, ob mein Gefühl mir noch immer entgegenbrüllte, dass da zwischen uns etwas war und er es nur einfach nicht sehen konnte oder wollte. Es war gleichgültig, wie oft ich noch versuchen würde, ihm das klarzumachen, denn – es würde zu absolut überhaupt nichts führen. Und die einzige Möglichkeit, zu heilen, war Abstand. Radikal, konsequent, ohne Rücksicht auf Verluste. Ich konnte es mir nicht mehr leisten, mein Leben zusammenbrechen zu lassen. Und ich wollte es auch nicht mehr. Nicht so!

Ich weiß nicht, wie viele Stunden, Tage, Wochen ich insgesamt damit verbracht habe mich zu fragen, warum das alles so kommen musste. Wieso dies, weshalb das, warum jenes. Es zermürbte mich, und doch ließen sich die Gedanken nicht abstellen. Nachdem ich die offenen Fragen gestellt und mir Christoph gegenüber alles von der Seele geschrieben hatte, das mich bewegte, fühlte ich mich plötzlich frei. Es lag nun nicht mehr in meiner Hand. Ich wusste, ich würde Antworten bekommen und ich würde mit allem irgendwie umgehen. Ich war wild entschlossen, auch diese zermürbende Aufgabe durchzustehen. Ich würde nicht zulassen, dass Christoph und die Gefühle für ihn weiterhin mein Leben in Rotation versetzten. Ich würde mir meine Balance zurückholen und mein Leben so leben, dass es mir damit gut ging.

Es gibt einen ganz kurzen, sehr radikalen und alles andere als spirituell verblendeten Satz, der mir an diesem Punkt enorm weitergeholfen hat. Er lautet: Fuck it!

Bist du gerade zusammengezuckt? Ja, ich gebe zu, das ist keine besonders feine Ausdrucksweise. Aber nach zermürbenden Monaten war mir nicht einmal mehr mir selbst gegenüber nach gewählten Worten. Der Zustand war ernst, ich war ein Wrack und wenn ich mich nicht bewegte, dann sah es keineswegs nach Besserung aus.

Christoph würde nicht als Prinz auf weißem Pferd vor meiner Tür auftauchen, so sehr ich auch im Vertrauen zu bleiben versuchte und mir einredete, dass dies ja die Bestimmung aller Dualseelen war – das Zueinanderfinden.

Fakt war: Er war in der Schweiz, ich in Norddeutschland, wir lebten beide in anderen Beziehungen und unsere Leben hatten seit dem Kontaktabbruch so viel miteinander zu tun wie ein norddeutscher Kartoffelacker mit einer schweizerischen Schokoladenfabrik. Das war nicht, was ich mir wünschte – aber es war die Realität.

Na und?, dachte ich mir eines Tages. Dann ist das jetzt eben die Realität! Und Dualseele oder nicht – Fuck it!

Ich beschloss, mich wichtig zu nehmen. Das war alles. Und das war viel. Doch jetzt begann die nächste Phase. Ich brauche Auswege aus dieser Sehnsucht, Pläne für Akutschmerzen und die „Lästige Christophitis" – und ich machte mich daran, in meine Schatten zu blicken. Wo in meinem Leben gab es Bereiche, in denen ich nicht in meiner Mitte war? Was stimmte nicht mehr? Was hatte die Begegnung mit meiner Dualseele angestoßen, wo sollte ich hinschauen? Was sollte ich lösen?

Ich bin inzwischen der festen Überzeugung, dass Dualseelprozesse angestoßen werden, um uns selbst langfristig ins Gleichgewicht zu bringen. Dafür ist es nötig, die bisherigen Strukturen ins Wanken zu bringen – und das üblicherweise viel deutlicher als uns lieb ist. Anders würde aber niemand von uns die Komfortzone verlassen und in Komfortzonen lebt es sich so gemütlich, dass Weiterentwicklung nur selten geschieht. Leben aber bedeutet Weiterentwicklung. Der Transformationsprozess nach Dualseelbegegnungen kann uns dazu bringen, alle Lebensbereiche noch einmal gründlich anzusehen, Schwachstellen aufzuspüren und so Balance herzustellen. Am Ende geht es immer um das eigene Glück, den eigenen Lebenssinn, die eigenen Werte – und darum müssen wir uns kümmern.

Mir ist die spirituelle Arbeit alles andere als neu, und ich habe mich in der Vergangenheit mit vielen Aspekten meines Lebens befasst. Glücklicherweise, denn so begann ich nicht bei Null. Aber es ist vollkommen gleichgültig, von welchem Punkt man kommt, man muss es dennoch angehen. Damit ich mich allerdings in die Arbeit an meiner eigenen Transformation stürzen konnte, ohne permanent wieder vom Gedankenkarussell an Christoph und schmerzlicher Sehnsucht abgelenkt zu werden, brauchte ich Strategien. Im Folgenden und in den nächsten Kapiteln möchte ich davon berichten, was mir in dieser Zeit gut geholfen hat.

Zentrieren über die Atmung

Gerade in der Anfangszeit dieser Umbruchphase hatte ich ganz häufig das Gefühl, dass mir regelrecht die Luft vor Schmerzen wegblieb. Ich merkte oft, dass ich Atemnot bekam, dass ich das Atmen schlichtweg „vergaß" und mich dann wunderte, warum ich mich schlecht fühlte und Schmerz und Sehnsucht zunahmen. Die Lunge steht in der chinesischen Medizin u.a. für Trauerprozesse. Mich erstaunt es also nicht, dass ich Atemprobleme bekam, und dass ich phasenweise – ohne einen Infekt zu haben – mit einem trockenen Reizhusten kämpfte, der sich durch nichts vertreiben lassen wollte. Es war einfach nur die Reaktion meines „Trauerorgans" auf die aktuelle Verlustsituation.

Es hat mir geholfen, mich dann sehr bewusst zu zentrieren, und die Konzentration für einige Minuten voll und ganz auf die Atmung zu richten. Atmung ist Austausch, wir stehen durch unseren Atem mit der gesamten Welt in Verbindung. Was für ein Geschenk, oder nicht? Weil das autonome Nervensystem es für uns regelt, müssen wir uns nicht darum kümmern. Dennoch ist die Atmung ein wunderbares Mittel, um wieder zu sich und der eigenen Mitte zu finden, wenn es an allen Ecken und Enden zu haken scheint. Der Atem bleibt, er ist wie ein Anker. Einatmen. Ausatmen. Den Atem fließen lassen. Merken, wann er zu stocken beginnt, wahrnehmen, achtsam sein, weiterfließen lassen.

Für gewöhnlich schaffte ich es innerhalb von ein bis zwei Minuten, mich durch die Atmung wieder so gut zu festigen, dass ich in meinem Alltag weitermachen konnte. Bis die nächste Herausforderung in Bezug auf Christoph mich traf. Und dann begann das Spiel von neuem. Aber es war zumindest etwas, das ich tun konnte. Eigenständig und nur für mich. Es kostete mich keine große Kraft und nicht viel Energie, denn beides hatte ich zu diesem Zeitpunkt nicht zur Verfügung. Aber atmen, das ging. Also griff ich zuerst nach diesem Anker.

Das imaginäre Stoppschild

Eine weitere gute Möglichkeit, um aus permanent kreisenden Gedanken auszusteigen, war für mich die Visualisierung eines riesigen Stoppschildes. Jeder kennt diese Schilder, jeder kennt ihre Bedeutung – auch das Unterbewusstsein. Sich dieses Schild vorzustellen, wann immer man eine gedankliche und emotionale

Pause benötigt, erscheint vielleicht ein wenig banal – ich habe es aber als extrem hilfreich empfunden. Manchmal sind es eben die unscheinbaren Dinge, die man in ihrer Wirksamkeit doch nicht unterschätzen darf.

Visualisierung von Schutzräumen

Direkt nach dem Rückzug meiner Dualseele fühlte ich mich oft seltsam „schutzlos". Christoph hatte mir, auch wenn er fast tausend Kilometer entfernt lebte, eine merkwürdige Art von Sicherheit gegeben. Solange wir in Kontakt waren, konnte mir nichts etwas anhaben. Es war wirklich so, als hätte ich einen fehlenden Teil von mir entdeckt. Jemanden, der all das lebte, was ich selbst noch entwickeln musste. Und der zugleich so viel von mir annahm und lernte, weil ich Facetten selbstverständlich lebte, die für ihn neu und ungewohnt waren.

Nun fühlte ich mich als hätte man mir eine schützende Haut abgezogen. Ich kam zwar durch den Alltag, aber mir war einfach alles zu viel: Geräusche, Gerüche, Menschen um mich herum, Kontakte jeder Art. Jeder Gang durch meine Heimatstadt, die ich normalerweise doch so liebte, wurde zu einem hektischen Spießrutenlauf.

Besonders schwierig war es in der U-Bahn. Ich hatte mich inzwischen daran gewöhnt, aus dem Nichts in Tränen auszubrechen, und solange ich alleine war, oder irgendwo auf der Straße, konnte ich einigermaßen damit umgehen. In der U-Bahn aber wurde das für mich zu einem Riesenproblem. Ich wollte mich nicht in aller Öffentlichkeit blamieren und außerdem fand ich, dass ich langsam ohnehin eine tragfähige Lösung für die Tränenausbrüche finden musste.

Die Visualisierung des „Persönlichen Schutzraumes" war für mich die Rettung.

Der „Persönliche Schutzraum" kann alles Mögliche sein: eine Kugel, ein Ei, ein Quadrat (für all jene, die sich lieber durch Ecken und Kanten die Umwelt vom Hals halten, was manchmal sehr vernünftig sein kann), eine Pyramide, oder was auch immer einem im Augenblick angemessen erscheint. Man stellt sich vor, in diesem Gebilde zu sitzen und dadurch abgeschirmt zu sein. Nichts, was man nicht in seinem persönlichen Bereich haben möchte, kann die Hülle durchdringen. Alles, was man nach außen senden möchte, findet aber problemlos seinen Weg.

Mein persönlicher Schutzraum ist eine transparente Kugel, in der ich wie in einer schützenden Seifenblase sitze. Sie ist unzerstörbar, aber flexibel. Und das beste an dieser Kugel: Ich stellte fest, dass ich damit nicht nur die ganz normal auf mich einstürmenden Impulse im Alltag regulieren konnte – sondern interessanterweise auch die „Andockversuche" meiner Dualseele.

Je mehr Zeit nach dem Kontaktabbruch zwischen Christoph und mir verstrich, desto öfter hatte ich den Eindruck, dass er mich energetisch „suchte". Ob er in diesen Momenten tatsächlich an mich dachte, Sehnsucht verspürte, oder ob diese Suche unbewusst geschah – ich weiß es nicht. Aber das ist auch nicht wichtig. Tatsache war, dass ich anfangs von diesen Andockversuchen gnadenlos überrollt wurde. Ich hatte plötzlich den Eindruck, meine Gefühle nicht mehr von Christophs Gefühlen unterscheiden zu können. War es seine oder meine Trauer, die ich spürte? War es meine Sehnsucht oder seine? Und war ich so erschöpft, weil ich wirklich selbst keine Energie mehr hatte, oder weil ich mitbekam, wie ausgelaugt er seinerseits war?

Innerhalb dieser Kugel konnte ich visualisieren, wie Christophs Suche nach mir regelrecht von der Außenwand abprallte. Nichts drang mehr zu mir hindurch und ich konnte Momente des absoluten Friedens und voller Gelassenheit erleben. Dort, in meinem persönlichen Schutzraum, war ich sicher vor dem, was an energetischer Überflutung auf mich einstürmte. Doch natürlich konnte ich nicht den ganzen Tag visualisierend in einer Kugel sitzen. Es mussten weitere Strategien zur Bewältigung der Situation her.

Ablenken

Ich gebe zu, es fiel mir verdammt schwer. Rausgehen, Freunde treffen, Spaß haben, die Leichtigkeit des Lebens genießen – all das schien plötzlich zu einer anderen Galaxie zu gehören, während ich auf einem Planeten saß, auf dem es permanent dunkel und kalt war. Ich brachte in den ersten Wochen nicht die Kraft auf, mich zu amüsieren. Ich wusste nicht einmal mehr, was mir Spaß machen könnte. Ich war für alles zu müde und selbst die Dinge, die mir früher Freude bereitet hatten, erschienen plötzlich nur noch anstrengend und sinnlos.

Der Gedanke an Christoph und der Verlust, den ich erlitten hatte, überschattete alles. Ich kam mir dabei selbst unglaublich albern vor, denn was war schon geschehen – ein Mann, zu dem ich eine Verbindung hatte, die mir selbst rätselhaft war und die mich seit Monaten schmerzte, hatte sich (auf meinen eigenen Wunsch hin!) aus meinem Leben verabschiedet. Das wäre ein Grund zum Feiern gewesen, denn nun konnte es ja endlich wieder aufwärts gehen! Es war nicht zu verstehen, warum ich mich so elend fühlte. Aber das war meine Realität, und jeder, der einmal mit einer Dualseelenbegegnung zu tun hatte, wird das nur zu gut kennen.

Dennoch zwang ich mich zu Unternehmungen, so schwer es auch fiel. Ich ging wieder zum Sport, obwohl ich kaum die Kraft dazu aufbringen konnte – und der Sport gab mir jedes Mal das Gefühl, wieder mehr in meiner Mitte zu sein.

Ich setzte mich nach Ewigkeiten wieder an mein Klavier und stellte fest, dass ich in der Zeit, die ich mit Musizieren verbrachte, so konzentriert sein musste, dass für Gedanken an Christoph kein Platz mehr war. Die Musik forderte meine gesamte Aufmerksamkeit. Es war wie das Eintauchen in ein erholsames Bad.

Ich begann wieder exzessiv zu tanzen, was ich immer geliebt hatte, und es tat mir gut. Nicht nur, dass ich dabei auf andere Gedanken kam – auch die Komplimente, die ich hier und da erntete, holten mich aus meinem seelischen Tief.

Ich gewöhnte mir ab, bei Treffen mit Freundinnen, die von Christoph wussten, über ihn zu reden. Das hatte ich in den vergangenen Monaten mehr als genug getan, und ganz abgesehen davon, dass die beste Freundschaft ewigem Gejammer irgendwann nicht mehr standhält, brachte es auch mich immer wieder in die gleichen Gedankenschleifen zurück: Warum musste das so kommen? Wieso waren wir uns überhaupt begegnet? War ich ihm nicht wichtig gewesen? Was genau war eigentlich passiert?

Natürlich fand sich niemals eine Lösung, es blieb naturgemäß immer nur bei Spekulationen – aber das Gedankenkarussell ließ sich danach über Stunden nicht mehr abstellen und mir ging es damit alles andere als gut.

Je mehr ich begriff, dass ich nicht dafür verantwortlich war, wer oder was mir im Leben begegnete, aber immer die volle Verantwortung dafür trug, wie ich selbst damit umging, desto besser kam ich wieder in meine Mitte. Es fiel mir von Tag zu Tag leichter, mit der Situation zu leben, wie sie eben war. Christoph hatte sich entschieden, nicht weiter mit mir erkunden zu wollen, was uns eigentlich verband. Das musste ich akzeptieren. Ich konnte es nicht ändern. Aber ich konnte meine persönliche Reaktion auf diese Umstände ändern. Ich hatte an jedem Tag erneut die Wahl, ob ich deprimiert, sehnsüchtig und verzweifelt sein wollte, oder mich dafür entschied, mich um mein eigenes Leben und mein Wohlbefinden zu kümmern.

Anfangs war es ungewohnt, denn man kann sich auch in einem Zustand permanenten Leids und lang anhaltender Trauer komfortabel einrichten. Sehr vielen *Loslasserinnen* und *Loslassern* ergeht es so. Ich wollte nicht zu dieser Gruppe gehören und für mich funktionierte es am besten dadurch, dass ich meinen Verstand wieder einschaltete.

Den Verstand zu nutzen und die Fakten anzuerkennen bedeutete nicht, die Liebe zu verleugnen. Die war nach wie vor da. Ebenso die Gewissheit, dass die gemeinsame Reise von Christoph und mir noch nicht beendet war. Aber für den Moment befanden wir uns in einer Art „Winterschlaf" und ich würde diese Zeit nutzen, um an mir selbst und meinen Aufgaben zu arbeiten. Damit es MIR besser ging. Was auch immer meine Dualseele in dieser Zeit tun würde, hatte ich nicht in der Hand.

Bei dieser Gelegenheit möchte ich gerne auf einen Punkt eingehen, der mir in der „Dualseelen-Szene" immer wieder auffällt: Das permanente Überprüfen, wo der andere denn jetzt inzwischen in seiner Transformation steht. Hat er sich schon weiterentwickelt? Gibt es schon Anzeichen für das kommende gemeinsame Glück? Ganz viele *Loslasserinnen* und *Loslasser* neigen dazu, immer und immer wieder zu prüfen, an welchem Punkt ihr Gegenüber sich denn nun gerade befindet. Das ist menschlich und verständlich – aber es geht am Sinn des gesamten Prozesses vorbei. Denn wenn ich selbst nur an mir arbeite, damit der andere es gefälligst auch tut, dann belüge ich mich. Wenn ich ständig nachschaue, wie weit der andere denn schon in seiner Entwicklung ist, dann bin ich wieder nicht bei mir selbst, sondern mit meinem Fokus bei ihm – und das hat mit loslassen und akzeptieren nichts zu tun.

Für mich ist das Loslassen ein aktiver Prozess, bei dem es darum geht, sich auf sich selbst zu besinnen und den anderen für den Moment eben einfach an dem Punkt zu lassen, an dem er ist. Das ist Liebe. Jemanden drängen, unter Druck setzen, Erwartungen hegen und damit verändern wollen, ist es nicht.

Das ist nicht einfach. Auch ich habe mich unzählige Male gefragt, ob Christoph mich nicht vielleicht schon längst vergessen hat und sein Leben gleichermaßen blockiert weiterlebt, während ich mitten in meinen Transformationen stecke. Aber dann half auch hier wieder das Einschalten des Verstandes:

Es ist vollkommen egal, ob er ebenfalls an sich arbeitet. Wenn ja, schön. Dann führt das vielleicht irgendwann dazu, dass sich unsere Wege wieder kreuzen und wir eine andere Ausgangsposition haben als beim ersten Mal. Wenn nein, dann ist das auch in Ordnung, denn meine Transformation, meine Arbeit an meinen eigenen Schatten, erledige ich nur für mich. Es hilft mir dabei, zu der authentischsten und besten Person zu werden, die ich sein kann, und ein Leben mit mir selbst zu führen, mit dem ich glücklich bin. DAS ist wichtig.

Finde die Dinge wieder, die dich glücklich machen, auch wenn es anfangs Kraft und Überwindung kostet. Umgib dich mit Menschen, die dich stärken, anstatt dich zu belasten. Kläre deine Prioritäten, denn du hast in dieser Phase keine Energie übrig, die du verschleudern kannst – und, wie du später feststellen wirst, ist Energie auch in Phasen, in denen es besser läuft, zu wertvoll, um sie in unnütze Aktivitäten zu stecken. Besinne dich auf das, was dir selbst wieder ein gutes Gefühl gibt, völlig unabhängig von deiner Dualseele. Ich machte zwischenzeitlich Dinge, von denen ich wusste, dass Christoph sie furchtbar fand, und amüsierte mich dabei wunderbar. Irgendwann war dieser Prozess der bewussten (und ein wenig albernen) Abgrenzung dann nicht mehr nötig. Ich fand zu meiner eigenen Kraft zurück, und ich entdeckte ganz wunderbare neue Ausdrucksmöglichkeiten.

Selbstliebe-Meditation

Meditation ist nicht jedermanns Sache. Vielen fällt es schwer, sich einfach nur in sich selbst hineinzuversenken, und gerade in einem aufwühlenden Dualseelen-Prozess kann das am Anfang die Beschwerden eher noch verschlimmern, als Linderung zu bringen. Dennoch lohnt sich die Beschäftigung mit dem eigenen Geist. Ich meditiere seit vielen Jahren, insofern tat ich mich da vielleicht ein wenig leichter als jemand, der erst im Zuge der Transformationsarbeit nach einer Dualseelenbegegnung damit beginnt.

Meditieren bringt die Möglichkeit, sich selbst in der Tiefe anzusehen und die Schatten aufzuspüren, die in einem auf Bearbeitung warten. Es gibt unzählige Formen von Meditation, und wer nicht still sitzen möchte, kann auf Formen wie Gehmeditation (die sich übrigens auch beim Spazierengehen wunderbar in den Alltag einbauen lässt) oder Dynamische Meditation ausweichen.

Wenn du eine Gehmeditation durchführen möchtest, dann begib dich einfach in eine schöne Umgebung, zum Beispiel einen Park. Dann konzentrierst du dich darauf, die Atmung auf die Schritte abzustimmen. Du könntest Einatmen und dabei drei Schritte gehen und wieder Ausatmen ebenfalls bei drei Schritten. Richte den Fokus einfach nur auf diesen gleichmäßigen Ablauf, für einige Momente, oder zum Beispiel für drei Minuten. Niemand behauptet, dass du sofort Stunden in der Versenkung und Konzentration verbringen musst, oder es auch einfach nur kannst. Es ist Übungssache – und meistens genügen einige wenige Minuten am Tag auch vollkommen, um wieder mehr in Kontakt mit dem eigenen Selbst und der leisen inneren Stimme zu kommen. Ich mag Gehmeditationen sehr, weil ich durch die gleichmäßigen Bewegungen auch immer Anspannung abbauen kann. Zudem ist man an der frischen Luft und kommt aus den eigenen vier Wänden heraus. Mit hat diese Form der Versenkung in vielen verschiedenen Phasen der Dualseelenverarbeitung gut geholfen.

Ich habe es mir zudem angewöhnt, mehrfach in der Woche eine Selbstliebe-Meditation zu praktizieren. In dieser Meditation taucht man sich selbst gedanklich in goldenes Licht und hüllt sich in Selbstliebe ein. Stell dir dazu vor, als würdest du deinen Körper in einen warmen See aus Licht tauchen und dich selbst in reiner Liebe betrachten. Es mag banal klingen, aber für jemanden, der es nicht gewohnt ist, sich selbst liebevoll zu wahrzunehmen, ist dies am Anfang eine echte Herausforderung. Doch es wurde leichter und leichter, und inzwischen möchte ich diese Praxis nicht mehr missen. Sie hilft mir dabei, mich selbst liebevoll anzunehmen, auch wenn ich alles andere als perfekt bin, und sie unterstützt mich dabei, mich von Kritik und Verletzungen, die auf jeden von uns immer wieder einprasseln, nicht aus der Bahn werfen zu lassen.

Es sich selbst schön machen

Während des Dualseelenprozesses sind viele Betroffene so auf das jeweilige Gegenüber ausgerichtet, dass sie sich selbst und ihre eigenen Bedürfnisse vollkommen aus dem Blick verlieren. Ich konnte es kaum glauben, als ich realisierte – aber bei mir hat es tatsächlich Monate gedauert, bis ich klar wahrnahm und mir eingestehen konnte, dass ich eigentlich nur noch um Christoph kreiste. Wie es ihm wohl geht, was er wohl macht, ob er mich vermisst, wie weit er in seiner Entwicklung ist – das ganze Tralala. Es brachte mich nicht ein Stück weiter. Im Gegenteil. Ich hatte das Gefühl, dass ich immer mehr den Kontakt zu mir selbst und meinen inneren Ressourcen und Schätzen verlor, während Christoph mir energetisch immer stärker erschien.

Der Weg aus diesem Teufelskreis heraus beginnt damit, dass man es sich selbst so schön wie möglich macht.

Sei es dir wert, dich selbst gut zu behandeln. Wie könnten andere dich gut behandeln, wenn du es nicht einmal von dir selbst einforderst? Wie können andere dich schätzen, wenn du dich selbst nicht schätzt?

Für mich bedeutete das vor allem Änderungen in vielen Kleinigkeiten. Ich begann wieder viel stärker auf gesunde Ernährung zu achten (ein Feld, das mir in der akuten Christoph-Verlust-Phase vollkommen egal geworden war. Entsprechend mies ging es mir auch). Ich kochte liebevoll für mich selbst, ich lächelte morgens mein Spiegelbild an und sagte mir (auch, wenn es sich die ersten Male sehr kurios anfühlte), dass ich mich liebe und schätze, so wie ich eben bin. Ich sorgte dafür, dass ich ausreichend Ruhephasen bekam, die ich dann mit für mich sinnvollen Dingen füllte, wie zum Beispiel:

* *gute Bücher lesen*
* *interessante Dokumentationen und Filme ansehen*
* *Kuchenrezepte ausprobieren*
* *im Radio Hörspiele verfolgen*
* *ein Entspannungsbad mit Meersalz nehmen*
* *Klavierspielen, ohne dabei besonders gut sein zu wollen*
* *Spazierengehen in der freien Natur, Gedanken schweifen lassen*
* *mich massieren lassen*
* *ins Kino oder Theater gehen, alleine oder mit Freunden*
* *mir gute Kosmetik können und mich pflegen*
* *Yoga und Qi Gong für Körper und Geist*
* *schlicht und einfach schlafen*

... und vieles mehr. Wichtig dabei war aber immer, dass Christoph keinen Raum in diesen Betätigungen einnahm.

Ich las also zum Beispiel bewusst keine Bücher mehr über Dualseelenbegegnungen, aber sehr wohl Literatur zum Thema persönliche Weiterentwicklung. Ich investierte in hochwertige kosmetische Pflegeprodukte, die ich mir in dieser Form früher nie gegönnt hatte – aber nicht mit dem Hintergedanken, dass ich für ihn schön sein wollen würde, sollte er jemals wieder aus der Versenkung auftauchen. Ich tat es für mich, weil ich mich damit besser fühlte und mir meiner eigenen Wertschätzung bewusst wurde. Ich kümmerte mich um die Felder, in denen ich bei mir Entwicklungsbedarf sah, ohne mich selbst unter Druck zu setzen.

Die bewusste Loslösung von der Arbeit und das Nehmen von Ruhephasen bedeutete für mich einen harten Schnitt, denn Selbständige tendieren dazu, eigentlich immer und überall zu arbeiten. Ich suchte mir ab sofort bewusst Inseln, in denen ich zur Ruhe kommen und mich um mich selbst kümmern konnte – ohne „nebenbei" noch irgendetwas Nützliches für die Arbeit zu erledigen. In dieser Zeit schrieb ich auch so gut wie gar nicht an meinen Romanen, weil das für mich natürlich auch wieder „Arbeit" bedeutet hätte.

Es gab eine Ausnahme: Wann immer mich doch wieder Gedanken an Christoph packten, begann ich damit, sie aufzuschreiben. Und damit bin ich beim nächsten Punkt:

Notizen machen

Schreib es auf, um es loszulassen.

Klingt einfach, oder? Ist es auch. Man muss es sich nur erst einmal angewöhnen. Wann immer mich das Gedankenkarussell an meine Dualseele wieder zu verschlingen drohte, begann ich mit akribischer Genauigkeit, mir Notizen zu machen. Welches Gefühl kam hoch? Was machte das mit mir? Warum verletzte es mich oder löste Sehnsucht aus oder Schmerz oder Wut? Woher kannte ich dieses Gefühl von früher? Konnte es mir in irgendeiner Weise den Weg zeigen zu tieferen Schichten, die schon längst nach Befreiung schrien, und die ich ohne die Begegnung mit und den Verlust von Christoph niemals gewürdigt hätte?

Kurz gesagt: Worin besteht der Wert dieser gedanklichen Endlosschleifen?

Ich stellte fest, dass die Notizen für mich mit der Zeit zu einer Art „Kompass" wurden. Sie zeigten mir Wege auf, die ich zu gehen hatte. Ganz zu Beginn war es vor allem die Verlustangst, die in Wellen so heftig in mir hochkam, dass ich es kaum ertragen konnte. Immer wieder war da diese beklemmende, grauenhafte Frage: „Was, wenn es das tatsächlich war? Was, wenn dieser wichtige Mensch endgültig fort ist?"

Indem ich aufschrieb, was genau in mir vorging (körperliche Symptomatik, Emotionen, Erinnerungen an frühere Verluste) erkannte ich mit der Zeit, woher dieses Gefühl kam – und warum es eine solche Macht über mich hatte. Wie so vieles wurzelte es in der Kindheit. Es handelte sich bei mir auch nicht um ein Thema, das mir bisher nicht bewusst gewesen wäre – aber ich hatte niemals gedacht, dass es mich noch heute so beeinflusste.

Ich beschloss, mich vor allem dieser Verlustangst zu widmen. Sie anzuerkennen und ihr den gewünschten Raum in meinem Leben zu geben. Ich arbeitete mit ihr, wie ich mit einem Patienten arbeiten würde, und ich begann, mich selbst nicht mehr für diese vermeintliche Schwäche in mir zu verurteilen. „Es ist, wie es ist", wurde zu einem wirklich wichtigen Satz in dieser Zeit. Er umschrieb die Situation mit meiner Dualseele ebenso wie mein inneres Befinden. Indem ich die Fakten anerkannte, konnte ich ihnen die Macht nehmen. Die Verlustangst wandelte sich, wurde kleiner, unbedeutender, und schließlich hatte ich sie gut im Griff. Dazu war es allerdings nötig, sich in dieses schmerzliche Feld hineinzubegeben. Wenn es sein muss, wieder und wieder, und gerne auch mit Unterstützung von geschulten Therapeuten. Dann kann sich die Blockade Stück für Stück lösen.

Was auch immer das zentrale Thema zwischen dir und deiner Dualseele gerade sein mag – reflektierte und nüchtern analysierende Notizen sind ein wunderbares Mittel, um sich der Vorgänge bewusst zu werden. Wenn du noch nicht damit arbeitest, kann ich dir nur empfehlen, damit zu beginnen. Du brauchst dafür nicht mehr als ein Notizbuch und einen Stift. Lass die Gedanken fließen, den Schmerz, die Wut, die Fragen, die Sehnsüchte. Und dann gehe diesen einen entscheidenden Schritt weiter und frage genau nach, was hinter diesen Botschaften steckt. Es lohnt sich.

Verändere 5 Kleinigkeiten

Wenn man wochenlang in der Erstarrung festsitzt, wartet und darauf hofft, dass die Dualseele sich doch noch meldet, dann ist das zermürbend. Es nagt zudem ungemein am Selbstwert, weil man sich die ganze Zeit selbst beweist, dass man ohne den anderen ja ohnehin nichts mehr auf die Reihe bekommt. Mir tat das alles andere als gut, aber mir fehlte über eine lange Zeit die Energie, wirklich etwas daran zu verändern. Jede noch so kleine Anstrengung erschien mir zu viel. Die Lösung war, mir 5 Kleinigkeiten vorzunehmen, die ich relativ einfach verändern könnte. Irgendetwas, das mir schon lange vorschwebte oder das ich schon als Kind gerne hätte machen wollen.

Beispiele für kleine Veränderungen, die ich auch in den lähmendsten Phasen hinbekam:

- *Ich kaufte mir bunte Blumen und drapierte sie in einer schönen Vase.*
- *Ich ließ mich in einer Kosmetik-Fachabteilung beraten und schminken, was dazu führte, dass ich mich gleich deutlich besser und attraktiver fühlte.*
- *Ich färbte meinen Sofabezug in einer anderen Farbe.*
- *Ich besorgte Bilderrahmen für gelungene Zeichnungen, die ich gemacht hatte, und hängte die Bilder an die Wand.*
- *Ich stellte Möbel in meiner Wohnung um.*
- *Ich investierte in neue hochwertige Bettwäsche.*
- *Ich gönnte mir eine neue Frisur.*
- *Ich sammelte das erste herunterfallende Herbstlaub und legte die bunten Blätter auf meinen Küchentisch.*

Die Dinge müssen nicht viel kosten, Veränderungen sind wirklich keine Frage des Budgets. Man kann sich (und anderen) Freude bereiten, indem man z.B. mit dem Hund der Nachbarn spazieren geht. Man kann Regale entrümpeln und Literatur oder CDs, die man nicht mehr braucht, spenden oder an Freunde verschenken. Das sorgt für gute Laune und zugleich für mehr „Luft" in der Wohnung. Man kann den Kleiderschrank ausmisten und Pläne für eine neue Garderobe machen – ohne dass man gleich hunderte von Euro investieren muss. Es geht um kleine Veränderungen, um Pläne – kurz gesagt: um Selbstfürsorge.

Sorge für dich selbst, gerade wenn du das Gefühl hast, keine Kraft aufzubringen. Das Gefühl, wenn du es trotzdem getan hast, wird dich immer stärker werden lassen.

Dates mit dir selbst

Es gab eine Phase, in der es mir sehr schwer fiel, in Gesellschaft anderer Menschen zu sein. Ich vertrug es einfach nicht gut und war am liebsten alleine. Das war keine Dauerlösung, aber in dieser Zeit war es richtig und gut für mich. Ich wusste schon damals, dass ich mich nicht ewig einigeln würde, und deshalb war es in Ordnung, wie es war. Ich gewöhnte mir ab, das zu bewerten, was ich tat. Fühlte ich mich im aktuellen Moment gut damit? Dann war es in Ordnung. Trug ein Verhalten dazu bei, dass es mir schlechter ging? Dann versuchte ich, es aktiv anzusehen und es nach und nach ganz sanft zu verändern.

In dieser Zeit, in der ich sehr intensiv mit mir beschäftigt war, begann ich, mich ganz offiziell auch mit mir selbst zu verabreden. Und wie das mit Dates so ist – man gibt sich Mühe. Es ist etwas anderes, ob man sich selbst genervt und müde von der Arbeit erlebt oder aber frisch ausgeruht, hübsch gemacht und in freudiger Erwartung auf eine interessante Unternehmung. Ich gewöhnte mir an, diese Zeiten mit mir als wertvoll zu betrachten, weil sie mir so viele Möglichkeiten brachten. Ich lernte mich vollkommen neu kennen, indem ich mich auf mich einließ. Ich probierte neue Dinge aus, ich ging ins Aquarium, besuchte Stadtteile, in denen ich zuvor noch niemals war und Läden, die mir unbekannt waren. Ich testete Hobbys aus und merkte so sehr deutlich, was mir alles entging, wenn ich mich permanent nur mit Christoph beschäftigte. In diesen konstruktiv mit mir selbst verbrachten Zeiten spielte er keine Rolle. Er verschwand aus meinen Gedanken und das tat mir unglaublich gut. Es war wie eine Verschnaufpause während eines erschöpfenden Marathons. Und ich begann diese Pausen um ihrer selbst Willen zu genießen.

Übrigens: Hattest du schon einmal ein Date mit dir selbst? Nein? Warum nicht? Es wird Zeit!

Massagen

In der Zeit nach Christophs Rückzug, vor allem aber in der ersten Phase, nachdem ich den Kontakt vollständig abgebrochen hatte, fühlte ich mich oft so verspannt wie noch nie zuvor in meinem Leben. Ich schien als einzige riesige Blockade durch die Welt zu wandern. Jeder einzelne Muskel schmerzte.

Mir tat es gut, mich massieren zu lassen, weil sich so nicht nur körperliche Anspannung löste, sondern immer auch seelische Stagnationen in Bewegung kamen. Ich ließ mich in dieser Zeit von einem Praxiskollegen massieren, den ich gut kenne und der wusste, in welcher Situation ich mich befand. In diesem Rahmen machte es nichts, dass ich manchmal eine Stunde lang heulend wie ein Schlosshund auf der Liege verbrachte, während er mich massierte. Ich habe diese Massagen als wertvoll im Prozess erlebt, weil es eine andere Form des „Loslassens" war – sowohl körperlich als auch energetisch.

Vielleicht reagiert nicht jeder so heftig darauf wie ich, dann braucht man vielleicht auch keinen geschützten Rahmen für diese Arbeit und kann sich von jedem beliebigen Therapeuten massieren lassen. Mir war der vertrauensvolle Rahmen wichtig, weil ich wusste, dass ich diese Massagen als Ventil würde nutzen können. Vielleicht ist dieser Ansatz ja auch eine geeignete Möglichkeit für dich.

Bewusst loslassen/Energien
an den Sender zurückschicken

Loslassen und Energie an den Sender zurückschicken – ich gebe zu, das musste ich ziemlich lange üben! Irgendwann gewöhnte ich mir an, Christophs Energie, wann immer sie sich bei mir meldete, direkt wieder an ihn zurückzuschicken. Anfangs benötigte ich dazu wirklich eine aufrechte Haltung, ich musste meine Füße fest auf dem Boden haben und „verwurzelt" sein. Außerdem musste ich zu Beginn dieser Übung laut aussprechen, was ich wollte: „Geh zu deinem Ursprung zurück!" Am Anfang kam ich mir ein wenig seltsam vor, aber es half! Mit der Zeit konnte ich auch immer leichter und schneller diese Energieattacken, wie ich sie gerne nenne, abfangen. Sie erwischten mich nicht mehr vollkommen unvorbereitet, weil auch ich schneller wurde. Außerdem verloren sie einen Teil des Schreckens, weil ich mich ihnen ja nun nicht mehr so hilflos ausgeliefert fühlte. Ich lernte, das, was mit mir geschah, in gewissem Rahmen zu steuern – und das fühlte sich ehrlich gesagt verdammt gut an! Ich wurde zu einer Kampfkünstlerin der Energetik – an manchen Tagen mehr, an anderen weniger gut. Aber auch hier gewann ich Macht über mein Leben zurück. Wie es sich für Christoph angefühlt hat, als ich begann, die Energie postwendend an ihn zurückzuschicken? Nun ja, sagen wir es so – Irritation ist eine dezente Formulierung für das, was bei ihm los war …

Nach einigen Tagen brauchte ich übrigens nicht mehr laut aussprechen, was ich wollte. Es genügte, fokussiert zu sein und zu denken, dass ich die Energie an ihren Ursprung zurücksenden wollte. Und selbstverständlich ist das wesentlich alltagstauglicher als die zuerst genannte Variante.

Visualisierung von Reinigung

Ich hatte gerade in der Anfangszeit des Dualseelen-Dilemmas oftmals den Eindruck, dass Christoph und seine Energien wie Kaugummi an mir klebten. Ich wurde dieses Gefühl, mit ihm auf eine ungesunde Art verbunden zu sein, einfach nicht los. Zugleich war da jede Menge Gedankenwirrwarr, tiefe Trauer, großer Schmerz, der sich oftmals auch körperlich in Muskeln, Herz und Gelenken bemerkbar machte, sowie das Gefühl, irgendwie „vereinnahmt" zu sein. Morgens wachte ich aus Träumen auf (mehr dazu im Traumkapitel in diesem Buch), die mich den ganzen Tag verfolgten und teilweise völlig verstört zurückließen.

Ich gewöhnte mir an, jede Gelegenheit zu nutzen, um die Probleme an mir „abperlen" zu lassen. Direkt morgens nach dem Aufstehen stellte ich mir unter der Dusche vor, dass das Wasser auch die belastenden Träume mit wegwusch – und alles, was mich an Niedergeschlagenheit und Energielosigkeit belastete. Tagsüber gönnte ich mir immer wieder Zeit, um mich bewusst in die Sonne zu stellen und zu visualisieren, dass ich damit Kraft auftanke und Licht ins Herz und in die Seele lasse – nur für mich.

Es war damals extrem wichtig, diese Energie bei mir zu behalten und nicht etwa damit zu beginnen, diese (gut gemeint) auch an Christoph weiterzuschicken. Ich spürte sehr deutlich, dass er sie hätte gebrauchen können – aber ich beschloss, dass ich definitiv keine Energie übrig hatte, die ich auch noch mit meiner Dualseele teilen wollte. Nicht zu diesem Zeitpunkt und nicht unter den aktuellen Voraussetzungen. Meine Energie war kostbar und sie blieb bei mir. Sollte er doch zusehen, wie er klarkam.

Das klingt für einige Menschen jetzt sicher sehr egoistisch, herzlos und wenig „spirituell". Möglich, ja. Aber es war die einzige Option um an der Trauer und dem Schmerz nicht vollkommen vor die Hunde zu gehen. Und deshalb war es für mich der absolut richtige Weg, diese Grenze auch energetisch zu ziehen. Ich kann nur dazu ermuntern, es auszuprobieren – es erleichtert den gesamten Prozess erheblich und führt dazu, dass man sich wieder mit neuer Kraft seinen eigenen Themen und dem eigenen (lebenswerten!) Leben widmen kann.

Systemische
Aufstellungsarbeit

Bevor mich das Leben mit Christoph konfrontierte – und wenige Monate später mit den Transformationsprozessen, um die ich nun nicht mehr herumkam – hatte ich zwar von Systemischer Aufstellungsarbeit gehört und mich mit der Theorie dieser Therapieform beschäftigt, sie für mich selbst aber bisher nie genutzt.

Was ist Systemische Aufstellungsarbeit? Ich beschreibe das gerne als eine Art „Theaterstück" des Problems. Ursprünglich wurde diese Methode entwickelt, um Probleme innerhalb von Familiensystemen aufzudecken. Beliebige Menschen übernehmen Rollen von bestimmten Menschen innerhalb eines Familiengefüges. Es spielt dabei keine Rolle, ob diese Menschen die von ihnen verkörperte Person kennen. Das Faszinierende daran ist, dass diese Stellvertreter plötzlich exakt Verhaltensweisen, Gestik und Mimik der von ihnen verkörperten Personen wiedergeben können. Es ist, als gäbe es einen „Kanal" durch den eben diese Informationen ihnen zufließen. Wissenschaftlich erklärbar, oder anerkannt, ist diese Methode nicht. Doch sie funktioniert sehr häufig, wenn es darum geht, festgefahrene alte Muster zu erkennen, Konflikte innerhalb von Systemen aufzuzeigen und Blockaden sichtbar zu machen, die einem bisher nicht bewusst waren.

Das Schicksal meinte es gut mit mir, als es mir genau in der düstersten Phase der Blockierungen eine liebe Freundin an die Seite stellte. Sie arbeitet als Heilpraktikerin für Psychotherapie und ist in ihrer Praxis auf Trauerarbeit spezialisiert, wobei sie auch Aufstellungen nutzt, um Prozesse zu klären. Diese Freundin trat damals an mich heran und bat mich um einen Gefallen, den ich ihr liebend gerne erfüllte. Und irgendwie fiel es mir dann, als wir uns trafen, wie Schuppen von den Augen – warum nicht einmal mit ihr gemeinsam diese merkwürdige verklebte Konstellation beleuchten? Wieso sollte ich nicht das „System Christoph und Sophie" in Form dieser Aufstellungsarbeit unter die Lupe nehmen?

Was in dieser Zusammenarbeit entstand, war für mich unglaublich spannend. Ich hatte die Möglichkeit, in verschiedene Positionen zu schlüpfen und hineinzuspüren, was eigentlich „hinter der Fassade" vor sich ging. Ich spürte, wie Christoph mich erlebte – als Faszination einerseits, ich spürte die Liebe und Zuwendung, die er für mich hatte und auch den Schmerz über den Verlust. Zugleich nahm ich aber auch seine Ängste wahr, den Druck, unter dem er stand, die alten Verpflichtungen, die ihn zu erdrücken drohten und die Überforderung, die die Begegnung mit mir in ihm ausgelöst hatte. Ich erlebte meine Dualseele im Rahmen der Aufstellungsarbeit als Jemanden, der mit dem Rücken zur Wand stand und vor Angst und Verzweiflung absolut nicht mehr handlungsfähig war.

Es half mir, wieder mehr ins Mitgefühl zu gehen – ohne aber dabei meine eigene Verletzung herunterzuspielen. Ich war noch immer genauso wütend auf ihn, ich hielt sein Verhalten nach wie vor für feige und ich nahm es ihm übel, dass er mich über Monate in der Warteschleife gehalten hatte – auch, wenn ich mir nun besser erklären konnte, warum das so geschehen war.

Für mich selbst konnte ich in der Aufstellungsarbeit deutlich meine wunden Punkte wahrnehmen – die Ungeduld, die Hilflosigkeit, die Überforderung mit der Tatsache, dass ich nichts tun konnte, als einfach nur zu akzeptieren. Es war für mich hilfreich, zu spüren, dass es Christoph in ganz vielen Punkten ähnlich ging, dass er aber noch weitaus mehr von Ängsten und Unsicherheiten gebeutelt war als ich. Und, dass er für sich einen gänzlich anderen Umgang mit der Situation wählte. Er nahm sich aus allem heraus, wenn es zu viel wurde, während ich drauf brannte, die Situation zu erkunden und allem auf den Grund zu gehen. Das verstärkte allerdings wieder nur seine Ängste.

Durch die Aufstellungen wurde mir auch auf der Gefühlsebene klar, dass ich einige entscheidende Fehler gemacht hatte. Das war nicht schlimm, denn sie waren nötig gewesen in diesem Prozess. Aber nun konnte ich sie deutlicher sehen und vor allem auch emotional wahrnehmen, was mein Verhalten bei Christoph bewirkt hatte. Nicht nur er hatte mich verwirrt und verletzt – ich in gleicher Weise ebenso ihn. Es macht einen Unterschied, ob man das vom Verstand her weiß oder ob man es fühlt. Ich kann daher die Arbeit mit Systemischen Aufstellungen auch für Dualseelenprozesse sehr empfehlen.

Für mich wurde einmal mehr klar: Von Christophs Seite aus hätte niemals eine Veränderung stattgefunden, es war für ihn – so nahm ich es in der Aufstellung wahr – die bequemste und sicherste Situation, die man sich vorstellen konnte. Er wusste, dass ich da war, er war sich meiner sicher, und zugleich musste er sich nicht völlig auf mich einlassen. Es barg keinerlei Risiko, solange ich an der Situation nicht zu rütteln begann.

Doch das tat ich. Mächtig. Und dabei wurde ich von Tag zu Tag selbstsicherer und stärker.

SELBSTCOACHING

Für mich war es ungemein wichtig, mich sehr analytisch mit mir selbst auseinanderzusetzen. Als Therapeutin hatte ich das bereits zuvor intensiv getan, aber die Begegnung mit Christoph brachte noch einmal ganz neue Felder und Dimensionen ans Licht, die ich zuvor so nie beachtet hatte. Ich verordnete mir selbst Achtsamkeit und begann mit einem strukturierten „Selbstcoaching". Anregungen dazu möchte ich dir in diesem Kapitel geben, denn ich bin davon überzeugt, dass es jeder und jedem weiterhelfen kann, der sich in der scheinbaren Endlosschleife der Dualseelenbegegnung befindet und schlicht und einfach nicht weiß, wo sie oder er jetzt mit der Arbeit an sich selbst beginnen soll. Dabei ist zweitrangig, ob du dich aktuell cher in der Situation der *Loslasserin* oder des *Loslassers* befindest, oder eine *Gefühlsklärerin* bzw. ein *Gefühlsklärer* bist. Die strukturierte Beschäftigung mit dir selbst wird dir dabei helfen, die Themen zu finden, bei denen du ansetzen, oder die du vertiefen kannst.

Die „Lebenstorte"

Ich begann mit einer Aufstellung meiner Lebensbereiche. Dazu benötigt man lediglich ein Blatt Papier, einen Stift und ein wenig ungestörte Zeit zur Reflektion. Zeichne einen Kreis auf das Blatt und unterteile diesen Kreis wie eine Torte in folgende gleich große Lebensbereiche:

- Zufriedenheit/Wohlbefinden
- Dualseele
- Gesundheit
- Freunde/soziale Kontakte
- Liebe/Erotik

- Familie
- Kreativität
- Arbeit
- Sport
- Schlaf

Du kannst natürlich auch andere Themen nehmen, die dir wichtig sind, z.B. Freizeit, Urlaub, Engagement (für die Umwelt, Tiere, Menschen, etc.), Spiritualität. Passe die Torte deinem Leben an und fühl dich frei, das aufzunehmen, was dir etwas bedeutet und womit du deine Zeit verbringst oder verbringen möchtest. Die Lebenstorte eignet sich, um Diskrepanzen in deinen Prioritäten aufzuzeigen – und das Ergebnis ist oftmals verblüffend.

Im nächsten Schritt zeichnest du einen Punkt in jedes der Felder. Ganz innen im Feld bedeutet der Punkt, dass du diesem Lebensbereich wenig Aufmerksamkeit widmest. Je weiter nach außen der Punkt gesetzt wird, desto mehr Zeit, Gedanken und Fokus verwendest du auf diesen Bereich. Wenn du in jedes Feld einen Punkt gesetzt hast, verbindest du diese Punkte mit einer Linie.

Üblicherweise kommt ein ziemlich „unrundes" Gebilde dabei heraus – und diese Zeichnung zeigt dir sehr deutlich, welchen Bereichen du zu wenig Aufmerksamkeit schenkst, und welchen zu viel. Zu Beginn des Transformationsprozesses kann das erschreckend sein! Üblicherweise wird die Dualseele (zumindest von *Loslassern* …) extrem hoch bewertet, da du ihr durch dein Denken und Fühlen sehr viel Aufmerksamkeit schenkst. Hier kann es also einen deutlichen Peak nach außen geben. Andere Felder sind dafür vielleicht aktuell überhaupt nicht relevant für dich , obwohl sie es sein sollten – im Dualseelenprozess wird oftmals aus Energiemangel und Trauer die Arbeit ebenso vernachlässigt wie der Freundeskreis, zu Sport kann man sich nicht mehr aufraffen und auch das Wohlbefinden lässt zu wünschen übrig.

Ich rate dir übrigens, nicht zu schummeln, so verlockend es auch sein mag. Es bringt dich nicht weiter, wenn du dir einredest, dass du „eigentlich" gar nicht so viel mit deiner Dualseele beschäftigt bist. Hier geht es nicht darum, bei dir ein schlechtes Gewissen zu erzeugen. Es geht vielmehr darum, anhand einer Grafik sehr klar zu sehen, in welche Lebensbereiche du deine Energie schickst. Das ist zunächst vollkommen „wertfrei", es zeigt dir einfach nur deine aktuelle Situation sehr plastisch auf.

Der nächste Schritt wäre, eine zweite Lebenstorte zu zeichnen und sie in die gleichen Lebensbereiche zu unterteilen. Dann setzt du wieder einen Punkt in jedes Feld. Dieses Mal geht es um die Frage, wie glücklich du gerade mit den jeweiligen Bereichen bist. Wie geht es dir damit? Sei auch hier bitte ehrlich zu dir, denn sonst bringt dir die Übung nicht den Nutzen, den sie bringen soll – und es ist eine wertvolle und mächtige Übung, das kannst du mir glauben.

Üblicherweise zeigt sich in dieser zweiten Grafik, dass der Dualseelenbereich sehr niedrig bewertet wird, weil er momentan alles andere als glücklich macht. Wäre dies anders, bräuchtest du wahrscheinlich dieses Buch nicht.

Die Verläufe in dieser „Torte" zeigen dir deutlich, in welchen Bereichen deines Lebens du an deinem Glück und deiner Zufriedenheit noch arbeiten kannst und solltest. Aber bitte richte dabei den Fokus nun nicht vor allem auf die Dualseele – denn, wie du ja bereits in der ersten Grafik höchstwahrscheinlich festgestellt hast, schenkst du dieser ohnehin so viel Aufmerksamkeit, dass kaum noch Energie für anderes übrigbleibt. Macht dieser Zustand dich aber glücklich? Torte 2 sagt höchstwahrscheinlich: Nein.

Ich empfand diese Darstellung der Diskrepanzen für mich als extrem hilfreich, denn es hat mir sehr genau gezeigt, wo mein Ansatzpunkt ist: Gehe mit deiner Aufmerksamkeit in andere Bereiche als in die Belange deiner Dualseele. Kümmere dich um die Lebensfelder, in denen vieles zu kurz gekommen und so aus der Balance geraten ist. Im Idealfall (und den erreicht man nie, soviel sei zu deiner Entlastung gesagt) bildet sich auf deiner Lebenstorte eine ausgewogene runde Struktur in allen Bereichen. Da Leben aber niemals statisch ist, sondern sich immer dynamisch fließend wandelt, sehe ich die Arbeit mit diesen Grafiken eher als momentanen Anhaltspunkt, um ab und an zu hinterfragen, wo genau ich stehe. Vielleicht war dir vieles in der Verteilung schon irgendwie klar – aber es als Grafik zu sehen, hat einen deutlich durchschlagenderen Effekt. Die Torten zeigen dir, wo du mit den Veränderungen ansetzen kannst. Machen musst du es allerdings selbst.

Und nun?

Wie verändert man nun die Prioritäten in den einzelnen Lebensbereichen? Wie sorgt man dafür, glücklicher und zufriedener mit den Anteilen zu sein?

Zunächst solltest du dafür erkunden, was genau für dich eigentlich ein glücklicher Zustand wäre und welche Optionen du in den einzelnen Bereichen hast. Wenn dein Glaubenssatz darin besteht, dass du nur in einer Luxusvilla auf den Seychellen wirklich zufrieden sein kannst, dann wird dieser Zustand (üblicherweise) nicht besonders schnell zu erreichen sein. Wenn allerdings schon einige wenige Veränderungen in deinem aktuellen Wohnumfeld zu einer deutlichen Verbesserung deines Wohlbefindens beitragen können, dann beginne genau dort. Nimm es in Angriff. Fang an!

Ebenso ist es mit Freunden und sozialen Kontakten. Solltest du feststellen, dass dein Freundeskreis dich nicht glücklich macht, dass irgendetwas aus der Balance geraten ist, dann überlege dir genau, was du eigentlich von Freunden erwartest. Was ist dir wichtig? Und was nicht so sehr? Es bedeutet nicht, dass du von einen Tag auf den anderen deine gesamten Freunde „vor die Tür setzen sollst". Aber wenn es Menschen in deinem Umfeld gibt, die dir eindeutig nicht gut tun, dann wäre es an der Zeit, Konsequenzen zu ziehen. Zugleich könntest du dir überlegen, welche Menschen du gerne in deinem Leben hättest und dich dann „auf die Suche machen". Geh aus, erkunde neue Hobbys, stärke auf diese Weise deine Kontakte. Es werden sich wie durch Zauberhand Menschen finden, die zu deinem ganz individuellen Weg passen.

Es gibt einige zentrale Fragen, die dich weiterbringen und die du dir immer wieder zu den einzelnen Lebensbereichen stellen kannst. Allen gemeinsam ist, dass sie dich zu einem Thema bringen und sich dabei entweder auf das bisherige Problem, auf das anvisierte Ziel oder aber auf die in dir vorhandenen Ressourcen beziehen.

Die Frage „Wie?" eignet sich gut zur Standortbestimmung und zur Zielsetzung. Wie ist der Zustand im Moment? Wie fühlt es sich an? Wie geht es mir damit? Wie ist mein Tag strukturiert? Wie kann ich in einem bestimmten Bereich zufriedener werden? Wie soll sich mein Leben verändert haben, wenn ich zufrieden bin?

Ressourcen lassen sich gut aufspüren und aktivieren, indem man sich fragt, welche Strategien man in früheren Situationen verwendet hat, um mit einem ähnlichen Problem fertigzuwerden. Gab es Hilfsmittel, unterstützende Menschen oder Stärken, die du lernen und entwickeln konntest? Ein Beispiel wäre: Was habe ich getan, als ich vor drei Jahren unter Schlaflosigkeit litt? Antwort: Ich habe abends keine aufregenden Filme mehr angesehen, beruhigende Tees getrunken und eine neue Matratze gekauft, die besser für meinen Rücken war.

Beschäftige dich ausgiebig mit den Zielen, die du hast. Die meisten Menschen wissen sehr genau, was sie nicht mehr wollen (Ich möchte nicht mehr leiden, nicht mehr warten, den Situationen nicht mehr so ausgeliefert sein, mich nicht mehr ärgern über Dinge die ich nicht ändern kann, mich nicht mehr aufreiben für andere Menschen, etc …)
Aber viele Menschen haben absolut keine Ahnung, was sie stattdessen eigentlich wirklich wollen! Konkretisiere deine Ziele. Du möchtest nicht mehr verletzt werden durch Informationen, dass deine Dualseele ein Date hat? Dann wäre das Ziel für dich zum

Beispiel, in jeder Situation selbstsicher und gelassen zu sein. Die Wege dahin sind vielfältig. Du könntest zunächst einmal den Informationsfluss kappen, also z.b. nicht mehr in den sozialen Netzwerken verfolgen, was der andere so treibt. Das ist alles andere als einfach, gerade in Zeiten permanenter Verfügbarkeit von Informationen. Probiere es trotzdem aus. Deaktiviere die App auf deinem Smartphone, wenn es sein muss, oder sperre die Seite durch ein entsprechendes Programm auf deinem Rechner. Es geht nicht nur um deinen persönlichen Frieden, sondern auch zum die Energie, die du durch permanentes Erkundigen nach dem anderen immer wieder aussendest. Du kannst dich nicht lösen, wenn du auf diese Weise verhaftet bleibst. Es ist wie Schwimmen in einem riesigen Topf Kleister Es kostet Unmengen von Energie, bringt dich aber nicht voran. Im Gegenteil. Im Lauf der Zeit erschöpfen sich deine Energien immer mehr. Und ganz ehrlich: du kannst es dir in diesem Prozess definitiv nicht leisten, im Kleister abzusaufen. Du hast andere Aufgaben im Leben!

Ein Ereignis (wie dieses Date deiner Dualseele mit einem anderen Menschen) ist übrigens niemals per se schlecht – erst unsere Bewertung macht es zu einem Problem. Wenn es dich verletzt, dass deine Dualseele mit anderen Frauen oder Männern ausgeht, dann zeigt dies nur, dass dein eigener Selbstwert angekratzt ist. Was also müsstest du tun, um diesen Selbstwert zu stärken? Was kannst du verändern, um dich selbst besser zu fühlen. Und vor allem: Geht es dir mit einer anderen Bewertung der Situation besser? Wie wäre es z.b., dir zu überlegen, dass diese Dates nötig sind, weil der andere ja ebenfalls seine Lernaufgaben zu erledigen hat? Dann sollte er doch besser mit anderen lernen, als sich zu diesem Zeitpunkt wieder mit dir zu treffen, danach wieder panisch in den Rückzug zu gehen und dich so wieder in den Keller zu ziehen. Denn solange er seine Lernaufgaben nicht begriffen und gelöst hat, wird genau das immer wieder passieren – du bist dir aber inzwischen zu viel wert, um nicht zu merken, dass das für dich keine gesunde Dauerlösung sein kann, oder?

Wichtig ist immer die Frage: Wofür ist das Ziel, das ich habe, eigentlich gut? Wenn du nicht mehr aus der Bahn geworfen werden möchtest, nur weil deine Dualseele hier und da mal mit jemandem ausgeht, dann geht es vor allem darum, dass deine innere Balance erhalten bleibt. Du möchtest arbeitsfähig bleiben, gelassen, du möchtest frei sein in der Wahl, wie es dir damit geht. Insofern stützt dieses neue Ziel in erheblichem Maß deine Lebensqualität und bringt dich aus der unnützen Grübelei heraus. Es handelt sich hier um weitaus mehr als nur die Kontrolle eines aus dem Ruder gelaufenen Kopfkinos. Das Bewusstsein für deinen Wert steht im Mittelpunkt. Die Fähigkeit, deine Balance in jeder Situation unabhängig von deiner Dualseele zu halten und die Leichtigkeit in dein Leben zurückzuholen.

Achtung: Es geht hier ausdrücklich nicht darum, sich die Dinge schönzureden! Aber es geht um einen kühlen Kopf, um die Fähigkeit, sich selbst wichtig zu nehmen und sich nicht durch jeden Seitenhieb völlig aus der Bahn werfen zu lassen. Dafür kannst du sorgen, indem du lernst, Ereignisse anders zu bewerten. Du steckst niemals in einer Situation vollkommen drin. Du weißt nie, ob das „Date" nicht vielleicht doch ein Geschäftsessen ist. Oder ob es nötig ist, um deiner Dualseele wichtige Punkte auf dem Weg bewusst zu machen. Das Kultivieren einer gewissen Gelassenheit, egal was der andere tut, wird dir das Leben deutlich leichter machen.

Die oben genannten Fragen lassen sich übrigens auf alles anwenden – egal welcher Lebensbereich, egal wie groß oder klein das Problem. Es kann spannend sein, die eigenen Ressourcen aufzuspüren und dabei festzustellen, dass man viel mehr Kraft in sich trägt, als einem der erschöpfende Dualseelenprozess aktuell gerade suggeriert. Besinne dich auf die Stärken, die du schon mehr als einmal im Leben bewiesen hast und hol sie dir zurück. Veränderungen brauchen immer drei Dinge: Die Erkenntnis, das man etwas bisheriges auf diese Art und Weise nicht mehr möchte. Darauf folgend den bewussten Willen zur Veränderung. Und schließlich das Tun, der bewusste Akt der Veränderung.

Einstein soll einmal gesagt haben: Die Definition von Wahnsinn ist, immer wieder das Gleiche zu tun und andere Ergebnisse zu erwarten. Ja. Und es wäre naiv zu glauben, dass man auf die immer gleichen Aktionen plötzlich ganz andere Reaktionen aus seiner Umgebung erhält. Willst du Ergebnisse verändern, verändere deine Gedanken und deine Handlungen. Fang mit einem Lebensbereich an, der dich gerade besonders anspricht. Geh raus aus der Passivität. Du hast es verdient, glücklich zu sein, du verdienst eine „Lebenstorte" ganz nach deinem Geschmack. Und das ist sehr wohl ohne die Dualseele möglich – auch, wenn viele Menschen das Gegenteil behaupten.

EFT – KLOPFEN
FÜR MEHR FREIHEIT

EFT ist die Abkürzung für „Emotional Freedom Techniques". Die Anwendung wurde von Gary Craig in den USA entwickelt. Wie der Name schon sagt, ist eine Hauptaufgabe dieser Technik das Erlangen emotionaler Freiheit, doch sie wird z.b. auch erfolgreich zur Kontrolle von Schmerzen angewendet. Viele Menschen kennen die Prinzipien dieser Arbeit unter der Bezeichnung „Klopfakupressur". Die zugrundeliegende Theorie lautet, dass ungelöste negative Emotionen der Grund für Störungen sind – und dabei ist es egal, ob es sich um seelische oder körperliche Störungen handelt.

Ich hatte schon einige Zeit vor der Begegnung mit meiner Dualseele damit begonnen, mich mit EFT zu befassen. Bei dieser Technik werden Akupunkturpunkte genutzt, aber eben auf eine völlig andere Weise, als man es aus der klassischen Akupunkturnadelung kennt. Dennoch läuft es letztendlich auf eine Stimulierung der Energiebahnen (=Meridiane) im Körper hinaus. Der feste Ablauf beim Klopfen der vorgegebenen Punkte lässt sich leicht merken und das Prinzip von EFT ist ebenso leicht umzusetzen. Ein weiterer Vorteil: Man braucht kein besonderes „Equipment", es geht wirklich schnell und man kann diese Strategie somit in akuten Krisensituationen problemlos anwenden.

Die Punkte (in der Reihenfolge, in der sie auch beklopft werden):

An der inneren Seite der Augenbraue
Am äußeren Rand des Auges
Mittig unterhalb des Auges auf dem Jochbein
Unter der Nase

Auf dem Kinn
Unter dem Schlüsselbein an der Grenze zum Brustbein
Seitlich am Körper, etwa 10 cm unterhalb der Achselhöhle
Am kleinen Finger (Nagelfalz)
Außen an der Handkante
Am Mittelfinger (Nagelfalz)
Am Zeigefinger (Nagelfalz)
Am Daumen (Nagelfalz)

Es kommt nicht auf die Heftigkeit des Druckes an. Leichtes Klopfen mit zwei Fingern genügt völlig. Experimentiere erst einmal ein wenig mit den Punkten, bis du dich mit dem Klopfen sicher fühlst. Tipp: Es geht einfacher, wenn du das Handgelenk der aktiven Hand dabei locker und federnd belässt, anstatt es zu verkrampfen.

Und was soll das bringen?

Um emotionale Probleme zu lindern (oder bestenfalls aufzulösen), wird das Klopfen der Akupunkturpunkte an einen Satz gekoppelt, den du für dich selbst individuell auswählst. Ein Beispiel für ein Liebeskummerthema wäre: „Auch, wenn ich ihn/sie schmerzlich vermisse, liebe und akzeptiere ich mich so wie ich bin."

Für viele Menschen ist es schwierig, sich selbst zu sagen, dass sie sich mögen und schätzen. Es kann sich also die ersten Male etwas seltsam anfühlen, vielleicht kommst du dir albern vor oder glaubst nicht an das, was du da sagst. Die gute Nachricht: Es ist egal. Du musst nicht daran glauben. Du musst diesen Satz nur festlegen und benutzen.

Als nächstes stellst du fest, wie heftig das emotionale Problem (also z.B. das Vermissen) in diesem Moment ist. Finde auf der Skala von 1 (wenig heftig) bis 10 (sehr heftig) einen Wert, der sich für dich stimmig anfühlt.

Nun wählst du eine Kurzform deines Satzes, z.B.: „Mein Vermissen." Du sagst diesen kurzen Satz mehrere Male hintereinander und begleitest diesen Vorgang, indem du die oben genannten Punkte sanft abklopfst. Berühre dabei jeden Punkt zwischen fünf und sieben Mal.

Beobachte, wie du dich fühlst, sobald du mit diesem Durchgang fertig bist. Wo befindet sich dein Gefühl des Vermissens auf der Skala nun? Es sollte gesunken sein. Vielleicht genügt dir für den Moment schon dieser eine Durchgang. Ansonsten wiederhole die obigen Schritte so oft, bis die Emotion auf den gewünschten Level gesunken ist und du dich gut fühlst.

Für hartnäckige Fälle gibt es noch eine Vertiefung des Vorgangs, bei dem die beiden Hirnhälften synchronisiert werden. Man nennt dies die „9-Gamut-Folge". Hier wird noch ein weiterer Punkt berücksichtigt: Er liegt auf dem Handrücken, proximal des Gelenkes in einer kleinen Vertiefung zwischen Kleinem Finger und Ringfinger.

Während du diesen Punkt klopfst oder drückst, führst du langsam nacheinander die folgenden Aktionen aus:

Augen schließen
Augen wieder öffnen
nach unten rechts schauen (der Kopf bleibt dabei gerade)
nach unten links schauen (der Kopf bleibt dabei gerade)
mit den Augen einen Kreis beschreiben
mit den Augen einen Kreis in die andere Richtung beschreiben
ein paar Takte eines Liedes summen (überlege dir vorher, welches du nehmen möchtest)
schnell von 1 bis 5 zählen
Und noch einmal ein paar Takte dieses Liedes summen

Auch das erscheint dir zu Beginn vielleicht ein wenig seltsam – kümmere dich nicht darum, probiere es einfach aus. Der 9-Gamut-Punkt liegt übrigens auf dem sogenannten „Dreifacher-Erwärmer-Meridian" und hilft dabei, akute Stressreaktionen abzuschalten. Er ist also jederzeit nützlich, wenn man unter Stress steht und es kann auch schon weiterhelfen, allein diesen Punkt ein wenig zu massieren, wenn „emotionale Attacken" dich aus dem Gleichgewicht zu bringen drohen – was ja gerade in der Anfangszeit eines Dualseelenprozesses (und auch bei „normalem" Liebenskummer) häufiger geschieht, als einem lieb sein kann. Manchmal kann es passieren, dass sich die negative Emotion zunächst verschlimmert. Dies ist kein Grund zur Panik. Nicht vergessen: Du arbeitest mit dem Energiesystem deines Körpers, und das ist nun einmal nicht statisch und auch nicht auf Knopfdruck zu regulieren. Manchmal muss eine Emotion erst überschießen, um dann umso effektiver abzusinken. In diesem Fall atme tief durch, absolviere einen weiteren Durchgang und auf jeden Fall die 9-Gamut-Folge, bis die negative Emotion auf der Skala auf 0 gesunken ist.

Ich habe mit vielen verschiedenen für mich passenden Sätzen gearbeitet, um meine emotionale Instabilität in den Griff zu bekommen, und EFT hat mir wirklich gut dabei geholfen. Hier einige Beispiele für Sätze, die funktionieren können:

Auch, wenn ich mich gerade kraftlos fühle, liebe und akzeptiere ich mich, so wie ich bin. (Kurzform: Meine Kraftlosigkeit.)

Auch, wenn ich gerade traurig und verzweifelt bin, weil Christoph sich von mir abgewandt hat, liebe und akzeptiere ich mich, so wie ich bin. (Kurzform: Meine Trauer und Verzweiflung).

Auch wenn ich gerade hilflos bin, weil ich nicht weiß, was ich noch tun soll, liebe und akzeptiere ich mich, so wie ich bin. (Kurzform: Meine Hilflosigkeit).

Auch wenn ich gerade vor Eifersucht tobe, liebe und akzeptiere ich mich, so wie ich bin. (Kurzform: Meine Eifersucht).

Auch wenn ich nachts nicht schlafen kann, weil er mir fehlt, liebe und akzeptiere ich mich, so wie ich bin. (Kurzform: Meine Schlaflosigkeit).

Auch wenn ich Angst habe, dass ich ihn für immer verloren habe, liebe und akzeptiere ich mich, so wie ich bin. (Kurzform: Meine Verlustangst).

Auch wenn ich gerade wütend bin, liebe und akzeptiere ich mich, so wie ich bin. (Kurzform: Meine Wut). Auch wenn ich unkonzentriert bin, liebe und akzeptiere ich mich, so wie ich bin. (Kurzform: Meine Unkonzentriertheit).

Du findest sicher noch andere Phänomene, die auf dich persönlich passen und die dich mal mehr, mal weniger stark, belasten. Experimentiere ein wenig damit herum und finde entspannt heraus, welche Sätze für dich gut funktionieren, ob du den regulären Ablauf ausreichend findest oder bei manchen emotionalen Problemen noch die 9-Gamut-Folge hinzunehmen möchtest. Ziel ist immer, dich in dein emotionales Gleichgewicht zurückzubringen.

NATURHEILKUNDLICHE
UNTERSTÜTZUNG

Naturheilkunde und alternative Medizin bieten viele Möglichkeiten der Unterstützung im Dualseelenprozess. In diesem Kapitel möchte ich dir zeigen, was mir in akuten Phasen und auch auf lange Sicht in schwierigen Zeiten weitergeholfen hat. Dies ist lediglich als Anregung und Information zu verstehen und ausdrücklich keine Therapieempfehlung. Am besten suchst du dir für die alternativmedizinische Unterstützung eine Therapeutin oder einen Therapeuten deines Vertrauens. Diese/r kann dich nicht nur auffangen, wenn alles zusammenzubrechen droht, sie bzw. er hat auch einen objektiven Blick auf die Situation und kann dich deutlich besser einschätzen, als du selbst es in dem ganzen Wirrwarr von Emotionen und ungewohnten Belastungen jemals könntest.

BACHBLÜTEN

Bachblüten wurden von dem Arzt Dr. Edward Bach „entdeckt" bzw. in ihrer Wirkung erforscht. Dabei geht Dr. Bach von sieben grundlegenden Gemütszuständen aus, welche seiner Ansicht nach die Entstehung von Krankheiten fördern. Bachblüten dienen der seelischen Stabilisierung und der Entfaltung der Persönlichkeit. Ihre Einnahme kann dabei unterstützen, den eigenen Weg leichter und bewusster zu gehen und mit Blockierungen konstruktiv umzugehen.

Die 7 Gemütszustände:

Angst
Aspen, Cherry Plum, Mimulus, Red Chestnut, Rock Rose

Unsicherheit
Cerato, Gentian, Gorse, Hornbeam, Scleranthus, Wild Oat

Interesselosigkeit
Clematis, Chestnut Bud, Honeysuckle, Mustard, Olive, White Chestnut, Wild Rose

Einsamkeit
Heather, Impatiens, Water Violet

Mangelnde Abgrenzungsfähigkeit (gg fremde Einflüsse)
Agrimony, Centaury, Holly, Walnut

Mutlosigkeit/Verzweiflung
Crab Apple, Elm, Larch, Pine, Oak, Star of Bethlehem, Sweet Chestnut, Willow

Zu starke Sorge um andere
Beech, Chicory, Rockwater, Vervain, Vine

Walnut: Die Bachblüte für Übergangssituationen

Wer mit Dualseelenprozessen zu tun hat, wird wahrscheinlich bei einigen der oben genannten Gemütszustände seufzend genickt haben. Ja, die Gefühle sind – meist zu gut – bekannt, auch wenn jede und jeder Betroffene mit anderen Schwerpunkten zu tun haben kann. Mir hat die Arbeit mit Bachblüten in akuten Phasen geholfen, den Kopf über Wasser zu halten. Aber auch hier halte ich eines für zentral wichtig: Vergeude keine Zeit damit, dir Gedanken darüber zu machen, welche Bachblüte deiner Dualseele auf ihrem Weg helfen könnte. Wenn es so sein soll, findet sie diesen Weg selbst. Jegliches Drängen oder jede noch so gut gemeinte Empfehlung wird höchstwahrscheinlich nach hinten losgehen, denn „auch Ratschläge sind Schläge".

Kümmere dich um die Stabilität deiner eigenen Gemütszustände und lass deiner Dualseele ihr eigenes Tempo in ihren Entwicklungsprozessen. Kehre zu dir selbst zurück – entweder, indem du dich mit den Wesenheiten der einzelnen Bachblüten intensiv beschäftigst, oder indem du die Hilfe eines geschulten Therapeuten in Anspruch nimmst. Oft ist es hilfreich, jemanden objektiv von außen auf die Situation blicken zu lassen, gerade wenn es sich um eine Mischung von vielen verschiedenen Emotionen handelt. Man selbst sieht sich niemals unvoreingenommen, so gut man sich auch zu kennen glaubt, und gerade die „Schattenthemen", in denen doch vor allem der große Wert in der Dualseelenentwicklung steckt, fallen gerne unter den Tisch. Du nimmst dir damit wertvolles Entwicklungspotential, weshalb ich immer dafür plädiere, Hilfe von außen zu suchen und anzunehmen.

Dennoch spricht nichts dagegen, dass du dich auch selbst mit den Wesenheiten der Bachblüten befasst. Ich bin sicher, dass dir allein die Beschäftigung damit wieder neue Erkenntnisse über dich selbst und die durch die Dualseele ausgelösten Muster liefern kann. Im Folgenden findest du kurze Charakterisierungen der Bachblüten mit einem Schwerpunkt ihrer Wirkungen im Dualseelenprozess. Fühl dich frei, dich davon vielleicht auch zu ausführlicherer Literatur zum Thema Bachblüten inspirieren zu lassen.

ANGST

Aspen (Espe/Zitterpappel)

Die Bachblüte bei unerklärlichen Ängsten und/oder Vorahnungen sowie bei Zukunftsängsten, Albträumen und Angst vor dem Unbekannten. Hier geht es darum, ins Urvertrauen zurückzufinden und darauf zu setzen, dass sich alles in richtige Wege fügt. Dieses Vertrauen wird durch Rückzüge des Dualseelenpartners immer wieder erschüttert. Wer vor allem mit dieser Problematik zu tun hat und immer wieder von Ängsten „durchgeschüttelt" wird, findet in Aspen einen friedvollen Begleiter.

Mimulus (Gefleckte Gauklerblume)

Hier geht es um spezifische Ängste, die man benennen kann, und daraus entstehende Lebenseinschränkungen. Mimulus eignet sich vor allem für sehr feinfühlige, aber auch schüchterne Menschen. Die Furcht davor, dass etwas Schlimmes geschehen könnte, wenn man zu sich selbst und seinen Bedürfnissen steht, könnte ein Beispiel aus Dualseelenprozessen sein. Mimulus unterstützt die Entwicklung von Mut, Vertrauen und Gelassenheit.

Cherry Plum (Kirschpflaume)

Jeder, der einmal in einem Dualseelendilemma steckte, kennt diese Phasen, in denen man das Gefühl hat, schlicht und einfach wahnsinnig zu werden. Auch Kurzschlussreaktionen und die Angst vor einem Nervenzusammenbruch gehören in den Bereich dieser Bachblüte. Wann immer man den Eindruck hat, nicht mehr Herr über die eigenen Gefühle zu sein, bei inneren aufgestauten Konflikten und ansteigendem psychischem Druck ist Cherry Plum das Mittel der Wahl. Übrigens eignet sich diese Blüte oft auch für *Gefühlsklärer*, die auf das Nähebedürfnis der *Loslasser* mit unbeherrschten Temperamentsausbrüchen reagieren. Cherry Plum bringt einen in die innere Kraft und Balance zurück, damit man die eigenen Lebensaufgaben angehen kann.

Red Chestnut (Rote Kastanie)

Selbstaufopferung für andere und übertriebene Sorge um andere sind die zentralen Themen dieser Bachblüte. Wer sich als Dual-seelen-Part die meiste Zeit um den anderen sorgt und dabei sich selbst völlig aus dem Blick verliert, wer die eigenen Bedürfnisse vollkommen hintenanstellt und nur noch um den anderen kreist, und wer sich schwer abnabeln kann, dem ermöglicht diese Bach-blüte, den Weg zu sich selbst wiederfinden. Es geht nicht nur da-rum, sich selbst wichtig zu nehmen, sondern auch das Vertrauen zu entwickeln, dass der andere für die eigene Entwicklung selbst sorgen kann und wird – im für ihn geeigneten Tempo. Mit Red Chestnut kann man den anderen dort lassen, wo er gerade ist und selbst im Vertrauen bleiben, das alles so wie es ist, richtig ist. Mei-ner Meinung nach ist dies eine Bachblüte, die vielen *Loslassern* das Leben deutlich erleichtern kann.

Rock Rose (Gelbes Sonnenröschen)

Überflutet werden von Gefühlen, Panik, Todesangst – diese hef-tigen seelischen Bereiche sind das Gebiet von Rock Rose. Sie löst akute und chronische Schockzustände und ermöglicht die Rück-kehr zu Gelassenheit, was auch immer geschah. Diese Bachblüte unterstützt Menschen dabei, einen klaren Kopf zu behalten und auch in schwierigen Situationen nicht unbedacht zu handeln. Für Dualseelenprozess-Durchlebende ist sie gerade in der Phase des Schocks nach dem ersten Rückzug und zentralen Bruch ein guter Helfer, um im Lebensmut und Vertrauen zu bleiben.

MUTLOSIGKEIT UND VERZWEIFLUNG

Crab Apple (Holzapfel)

Sehr pedantische Menschen mit „Reinlichkeitsfimmel" profitieren oft von dieser Blüte. Wenn man es auf Dualseelenvorgänge über-tragen möchte, bietet sich meiner Meinung nach das Thema der

Reinigung generell an – raus aus zwanghaftem Verhalten, weg von dem Drang, immer alles kontrollieren zu wollen, hin zu Selbstliebe und Klarheit. Negative Eindrücke loslassen, um selbst in einen Zustand des Wohlbefindens zu kommen, das ist das Potential von Crab Apple.

Elm (Ulme)

Manchmal kommt man selbst im reflektierten und abgeklärten Dualseelenprozess an einen Punkt, an dem man glaubt, nicht mehr weitermachen zu können. Man verzweifelt fast an dem Berg an Transformationsaufgaben, der dort vor einem liegt, fürchtet zu versagen und merkt nicht einmal, dass es der eigene Überperfektionismus ist, der Druck erzeugt. Wann immer Zuversicht fehlt und man glaubt, diese Aufgaben nicht mehr bewältigen zu können, wann immer man sich überfordert fühlt und schwache Momente einen ins Straucheln bringen, kann Elm das Mittel der Wahl sein. Elm unterstützt die positive Eigenwahrnehmung, bringt alte Stärke zurück und schärft das Bewusstsein für die Menge an Aufgaben, die man sich zu einem bestimmten Moment zumuten kann. Auf diese Weise kann man einen drohenden psychischen Zusammenbruch abwenden.

Larch (Lärche)

Mangelndes Selbstvertrauen und fehlender Selbstwert – ein Thema, das sich bei vielen Dualseelenbetroffenen als große Lernaufgabe auftut. Nur wenige Menschen stehen voll in ihrer Kraft und strotzen vor Selbstvertrauen. An sich selbst zu glauben, die eigenen Stärken und Fähigkeiten zu entwickeln und sich selbst als wertvoll anzuerkennen, dies ist ein zentrales Thema der Bachblüte Larch. In einer bereinigten Dualseelenverbindung ist kein Platz mehr für Minderwertigkeitskomplexe, man befindet sich auf Augenhöhe. Falsche Bescheidenheit bringt auch hier keine Fortschritte. Larch unterstützt dabei, das eigene Licht nicht mehr unter den Scheffel zu stellen, sondern berechtigt zum Leuchten zu bringen und die ureigenste Kraft strahlen zu lassen.

Oak (Eiche)

Gelegentlich fühlt man sich in diesem karmischen Zirkus wie ein Kämpfer, der treu seine Pflicht erfüllt, aber sich vor Erschöpfung kaum noch auf den Beinen halten kann. Die dauerhafte Anspannung kostet Energie. Zugleich hat man das Gefühl, niemanden um Hilfe bitten zu können, weil dieser Prozess einerseits natürlich sehr speziell ist, und nicht von jedem verstanden wird, andererseits aber eben auch dadurch gekennzeichnet ist, dass man seine Aufgaben eben alleine erledigen muss – vor allem ohne die Unterstützung der Dualseele, die ja ihrerseits mit ihren Aufgaben zu tun hat. Oak verhindert, dass man sich mit Feuereifer in immer größere Herausforderungen stürzt, um den ganzen Lernprozess möglichst schnell „hinter sich zu bringen", und dabei die inneren Bedürfnisse nach Pausen und Ruhe überhört. Man kann loslassen, mit Ruhe eine Aufgabe nach der anderen angehen und das Ganze auch mal locker sehen. Eine wertvolle Bachblüte für die pflichtbewussten Karma-Aufarbeiter, die um jeden Preis durchhalten wollen und sich vor lauter Transformation keine Ruhe mehr gönnen.

Pine (Föhre)

Was habe ich nur falsch gemacht? Was hätte ich anders machen müssen? Ich habe alles ruiniert!

Typische Gedanken von Dualseelenbetroffenen, die Pine benötigen. Man sucht die Schuld bei sich, empfindet Scham angesichts der Fehler, die man gemacht zu haben glaubt, und blockiert sich selbst. Hier geht es um die Erkenntnis, das alles zum richtigen Zeitpunkt in richtiger Weise geschehen ist, weil nur so der Transformationsprozess in Gang gebracht werden konnte. Und um das Wahrnehmen der eigenen Schwächen, an denen ja nun bewusst und liebevoll gearbeitet werden kann. Wer unter Schuldgefühlen leidet, sich selbst nicht verzeihen kann und aus Angst vor neuen Fehlern zukünftige Taten meidet, sollte sich Pine als Unterstützer besorgen. Pine hilft, sich trotz der eigenen Fehler mit Selbstachtung zu betrachten und umsichtig an sich zu arbeiten.

Star of Bethlehem (Doldiger Milchstern)

Alte Traumata, nicht überwundene Enttäuschungen – dies ist der Bereich von Star of Bethlehem. Diese Bachblüte unterstützt im Dualseelenprozess dabei, Verletzungen zu verarbeiten und zu überwinden. Die entstandenen Wunden können endlich heilen, anstatt immer wieder aufzureißen und erneut Schmerzen zu verursachen. Anstelle von Blockierungen treten Lebensfreude und neue Kraft.

Sweet Chestnut (Edelkastanie)

Menschen, die in einem seelischen Ausnahmezustand stecken – die meisten Dualseelenbetroffenen finden sich in dieser Formulierung wieder. Wie anders sollte man auch beschreiben, was sich da zwischen zwei Personen ereignet? Wenn man in bestimmten Phasen nur noch innere Leere verspürt und in Resignation verharrt, die Lage aussichtslos scheint und man keine Hoffnung mehr hat, dann ist Sweet Chestnut die Bachblüte der Wahl. Sie kann dabei helfen, den inneren Kampf mit dem Schicksal in friedlichere Bahnen zu lenken und die Verzweiflung loszulassen. Dort, wo man sich selbst verloren geglaubt hatte, findet man sich wieder und findet die Kraft, weiterzugehen. Eine Bachblüte für neuen Lebensmut in scheinbar ausweglosen Situationen.

Willow (Gelbe Weide)

„Das Schicksal meint es nicht gut mit mir!"
Verbitterung und das Vergraben in Einsamkeit – während der schweren Zeiten nach einer Begegnung mit der Dualseele keine seltenen Begleiter. Die Bachblüte Willow kann dabei helfen, sich selbst wieder als Lenker des eigenen Lebens zu begreifen und die Sache in die Hand zu nehmen. Sie führt aus Opferhaltung und Schicksalsergebenheit heraus, hin zu Tatkraft und Selbstverantwortung. Auf diese Weise ist positives Weitergehen möglich.

UNSICHERHEIT

Cerato (Bleiwurz)

Fehlendes Selbstvertrauen und Zweifel an der eigenen inneren Stimme – dies sind Themen bei denen die Bachblüte Cerato zum Tragen kommt. Wer nicht weiß, wie er sich verhalten soll, und deshalb immer wieder andere Menschen um Rat fragt, kann mit Cerato zurück zur eigenen Sicherheit kommen. In Dualseelenprozessen sind viele Menschen dazu geneigt, nach allen möglichen Erklärungen zu suchen. Es werden Kartenleger und Wahrsager konsultiert, Schamanen und Astrologen – oftmals, weil man immer und immer wieder Bestätigung sucht, dass doch noch alles gut wird, man mit der Dualseele zusammenkommt und sich alles ins Glück fügt. Daran ist per se nichts schlecht, ich arbeite selbst sehr gerne mit Karten und spirituellen Energien. Berater können einem eine wertvolle Stütze auf diesem karmischen Weg sein. Ein Problem entsteht dann, wenn man auf den Rat angewiesen ist, weil man selbst nicht mehr weiß, was sich für einen selbst richtig und falsch anfühlt. Cerato unterstützt dabei, die Kontrolle über das Leben wiederzugewinnen und in sich selbst und die eigenen Wahrnehmungen zu vertrauen.

Gentian (Herbstenzian)

Durchhaltevermögen und Mut, den eigenen Weg zu gehen – diese Fähigkeiten sind im Dualseelenprozess permanent gefragt. Gentian kann in Zeiten unterstützen, in denen sich Zweifel, Mutlosigkeit und Depression breit macht und man entmutigt vor dem riesigen Berg an Transformationsaufgaben steht, der abgetragen werden möchte. Gentian hilft dabei, wieder in den Optimismus zu kommen, durchzuhalten und die Aufgaben mit Mut und positiver Durchsetzungskraft anzugehen.

Gorse (Stechginster)

„Es hat keinen Zweck mehr."
Dies ist der Gemütszustand, den Dr. Edward Bach für die Blüte Gorse kategorisiert hat. Wer glaubt, alles versucht zu haben und nun aufgibt, wer keine Chance auf Besserung der Situation mehr sieht und sich deshalb im Elend isoliert, der kann in Gorse einen hilfreichen Unterstützer finden. Gorse aktiviert den Lebenswillen und den Glauben daran, dass alles möglich ist. Man nimmt sein Schicksal an und stellt sich ihm. Auf diese Weise kann die Schwere sich lösen.

Hornbeam (Weißbuche)

Kraftlosigkeit und Erschöpfung – diese Zustände kennt jeder, der sich innerhalb einer Dualseelenentwicklung befindet. Manchmal liegt es daran, dass man sich selbst zu viel zugemutet hat, manchmal auch an der Tatsache, dass der Gegenpart einem die Energie regelrecht „abzieht". Es entsteht der Eindruck, dass man nicht einmal mehr die einfachsten Aufgaben des Alltags noch bewältigen kann, weil für alles sowohl seelisch als auch körperlich die Kraft fehlt. Hornbeam unterstützt in solchen Phasen, hilft dabei, „in die Gänge zu kommen" und so seinen eigenen Wert und die eigene Kraft wieder deutlicher wahrzunehmen. Auch Menschen, die von stimulierenden Substanzen wie Kaffee oder Tee abhängig geworden sind, erfahren durch diese Bachblüte Unterstützung.

Scleranthus (Einjähriger Knäul)

„Was soll ich nur tun? Wie soll ich mich entscheiden? Was ist in dieser Situation richtig?"
Dies sind Fragen, die sich im Transformationsprozess von Dualseelen oftmals stellen und viele überfordern. Man ist nicht in der Lage, eine klare Entscheidung zu fällen (z.B. für oder gegen einen Kontaktabbruch), wägt immer wieder Pro und Contra gegeneinander ab, ohne zu einem schlüssigen Ergebnis zu kommen.

Dies führt zu Frustration, Stimmungsschwankungen und dem Verharren in unbefriedigenden Situationen. Die innere Balance fehlt, eine strake Ruhelosigkeit ist die Folge. Scleranthus kann dabei helfen, Entscheidungen voranzubringen und endlich wieder selbst das Steuer des eigenen Lebens zu übernehmen.

Wild Oat (Waldtrespe)

Die Begegnung mit der Dualseele ist meiner Meinung nach der Anstoß einer tiefgreifenden Wandlungsphase. Es geht darum, das eigene Leben auf den Prüfstand zu stellen. Lebe ich meine Stärken? Tue ich das, was mir wirklich entspricht? Habe ich meine Berufung gefunden? Oftmals stürzen Menschen gerade zu Beginn dieser Wandlungsphase in tiefe Krisen, weil sie nicht wissen, in welche Richtung es für sie gehen soll – abseits von der Dualseele. Wild Oat ist eine Bachblüte, die bei diesem Selbstfindungsprozess ein großer Unterstützer sein kann. Sie hilft bei der Suche nach der Berufung, klärt den Blick für das Potential und für die tatkräftige Umsetzung von Lebenszielen. Mit Wild Oat kann man zur konstruktiven Nutzung der eigenen Talente kommen, Ziele stecken und diese Schritt für Schritt verwirklichen.

ZU STARKE SORGEN UM ANDERE

Beech (Rotbuche)

Mir ist aufgefallen, dass in Dualseelkreisen dazu tendiert wird, mit einer gewissen Ignoranz und Rechthaberei auf andere Menschen zu blicken – egal, ob es sich ebenfalls um Personen handelt, die sich in Dualseelenprozessen befinden, oder Menschen von „außerhalb". Jeder kann natürlich eine eigene Meinung und seinen eigenen Weg der Bewältigung in diesen Transformationsherausforderungen haben – dennoch halte ich persönlich es für unangebracht, die eigene Meinung und den eigenen Lösungsweg als einzig richtig zu betrachten. Jeder Prozess ist individuell, und ich habe für mich beschlossen, dass ich jedem freistelle, wie sie oder er damit umgehen möchte. Ich möchte nur meinerseits ebenfalls die freie Wahl für meinen Umgang damit haben. Alles, was in diesem Buch steht, geht lediglich auf meine eigenen Erfahrungen zurück und zeigt das, was mir weitergeholfen hat – für jemand anderen kann dies eine Anregung sein. Vielleicht braucht derjenige aber auch einen ganz anderen Weg. Beech jedenfalls ist eine Bachblüte, die mir in diesem Zusammenhang immer wieder in die Gedanken kam, denn sie unterstützt Verständnis, ausbalancierte Toleranz, Offenheit und Einfühlungsvermögen – ein Mittel also, von dem wir dann und wann sicher alle einmal profitieren können.

Chicory (Wegwarte)

„Ich opfere mich auf, damit ich Liebe erfahre."
Wow. Oder? Wenn da nicht die Alarmglocken in Bezug auf Dualseelenvorgänge läuten, dann weiß ich auch nicht … Ein Problem, mit dem vor allem *Loslasserinnen* und *Loslasser* gerne zu tun bekommen. Man gibt sich für den anderen regelrecht auf, ringt um Aufmerksamkeit, überschüttet auch mal mit Geschenken oder Hilfsbereitschaft – nur, damit der andere einen mehr liebt. Diese Liebe ist nicht bedingungslos, sondern fordert mehr oder weniger offensichtlich. Das Tun ist niemals selbstlos. Im Extremfall wird der Gegenpart erpresst und damit natürlich noch viel weiter in den Rückzug getrieben, oder es wird versucht, eine Art von Abhängigkeit zu erzeugen – dies ist dann eher eine Verhaltensweise von *Gefühlsklärern*. Chicory ist die Bachblüte der Wahl, wenn man die ersehnte Liebe ausschließlich bei anderen sucht und sie nicht in sich selbst finden kann. Zu lernen, dass die Geborgenheit in einem selbst ruht und man darauf vertrauen kann, immer in der Liebe zu sein, das ist die große Herausforderung. Chicory kann dabei wertvolle Unterstützung bieten.

Rock Water (Wasser aus Heilquellen)

Perfektionismus, harte Selbstdisziplin und starre Verhaltensweisen – dieser strenge Umgang mit sich selbst führt auf Dauer zu

Unfreiheit. Natürlich dient das Verhalten zunächst als Schutz. Man versucht, auf diese Weise das Leben unter Kontrolle zu halten und keine unverhofften Einflüsse mehr an sich heranzulassen. Dass dies nur zu einem hohen Preis, nämlich der Beschneidung der eigenen Lebensfreude, zu haben ist, liegt auf der Hand. Rock Water kann dabei helfen, sich und anderen gegenüber toleranter und offener zu werden, den Perfektionismus zugunsten von Spontanität loszulassen und insgesamt lockerer an das Leben heranzugehen.

Vervain (Eisenkraut)

Phasen der Erschöpfung können sich im Dualseelenprozess auch mit Phasen geradezu fanatischer Betriebsamkeit abwechseln. Man kann zwischenzeitlich von den Aufgaben, die man vor sich sieht, so begeistert und in Bann gezogen sein, dass man kaum noch davon Abstand bekommt. Man „brennt" regelrecht für die Aufarbeitung dieser Prozesse – und im schlimmsten Fall wird der Dualseelenpartner in diesen Aktivismus hineingezogen, ob er/sie nun möchte oder nicht. Man versucht den anderen zu überzeugen und macht möglicherweise sogar noch Druck, was auf den anderen natürlich alles andere als attraktiv wirkt. Vervain unterstützt dabei, das „missionieren" abzulegen, anderen Menschen ihren freien Willen und ihre freie Meinung zu lassen und die eigene Energie für sich selbst zu nutzen, ohne andere mit „reinzuziehen".

Vine (Weinrebe)

Vine ist die Bachblüte für Menschen, die sich in einem „gesteigerten negativen Vervain"-Zustand befinden. Hier geht es nicht nur darum, selbst von etwas begeistert zu sein und den anderen davon überzeugen zu wollen, dass dieses Projekt (z.B. die Aufarbeitung der Dualseelenaufgaben) doch eine lohnenswerte Sache wäre. Nein, hier wird der Betroffene zu einem „kleinen Tyrannen". Man versucht um jeden Preis den eigenen Willen durchzusetzen, wobei Egoismus und Herrschsucht die klaren Triebkräfte sind. Wer

77

versucht, den anderen zu unterdrücken, den Kopf immer über die Herzenergie stellt und unnachgiebig seine Ziele verfolgt, der kann von Vine profitieren. *Gefühlsklärern* kann das Mittel zudem dabei helfen, ein wenig aus dem Kopf heraus und mehr ins Herz zu kommen, ohne dabei die Stabilität abgeben zu müssen.

MANGELNDE ABGRENZUNGSFÄHIGKEIT

Agrimony (Odermennig)

Agrimony ist eine Bachblüte, die vor allem Menschen unterstützt, die nach außen hin immer den fröhlichen Schein wahren. Äußerlichkeiten sind generell sehr wichtig, ebenso wird Harmonie gesucht und Streit, wenn möglich, vermieden. Unter dieser Scheinharmonie aber kann es lodern. Langfristig führt die Fassade nicht zu einem glücklichen Leben, da man mit sich nicht im Einklang ist. Agrimony fördert die Konfrontationsfähigkeit mit anderen Menschen und hilft dabei, standfest zu sich selbst und den eigenen Bedürfnissen zu stehen. Im Dualseelenprozess eignet es sich zum Beispiel für Menschen, die aus Rücksicht auf den Gegenpart immer den guten Anschein bewahren, nur um den anderen nicht zu verschrecken oder zu überfordern. Agrimony kann hier Blockaden lösen und in der Entwicklung des eigenen inneren Friedens voranbringen.

Centaury (Tausendgüldenkraut)

Menschen, die sich immer und immer wieder ausnutzen lassen, zu gutmütig sind oder aus „bedingungsloser Liebe" alles mit sich machen lassen – kommt dir das in Bezug auf die Dualseelenthematik bekannt vor? Hier geht es um Grenzziehung und das klare Bewusstsein für die eigenen Wünsche und Werte. Im schlimmsten Fall neigen *Loslasserinnen* und *Loslasser* zur völligen Selbstaufgabe und würden für ihre geliebte *Gefühlsklärerin* oder den geliebten

Gefühlsklärer alles tun – immer in der Hoffnung, dass diese Person dann endlich erkennt, dass sie doch füreinander geschaffen sind. Dieses Verhalten geht aber am Sinn der Liebe und am Sinn der Lernaufgaben völlig vorbei. Centaury kann dabei unterstützen, sich selbst und die eigenen Bedürfnisse wieder klar wahrzunehmen, sich durchzusetzen und konsequent zu bleiben. Es geht hierbei nicht darum, hart und rücksichtslos zu werden, sondern um ein gutes Gespür für die eigenen Grenzen und eine gesunde Selbstbestimmung.

Holly (Stechpalme)

Gerade in Fällen, in denen einer der Dualseelenpartner sich noch in einer anderen Beziehung befindet, haben ungute Emotionen wie Eifersucht, Neid und im Extremfall Hass oftmals freie Bahn. Ich bin selbst schon des Öfteren geschockt gewesen, wie stark manche Menschen sich in dieses negative Feld hineinbegeben, und dabei dennoch von „bedingungsloser Liebe" reden – schließlich ist der andere ja in der falschen Beziehung und deshalb können man diese Gefühle durchaus leben.

Vielleicht ist der Dualseelenpartner in seiner Beziehung aber ja momentan glücklich? Was dann? Verändert es etwas, wenn ich dann immer wieder hasserfüllt darüber nachdenke, mit was für einer dämlichen Schnepfe er seine Zeit verbringt? Vielleicht ist diese Frau (oder dieser Mann, im Fall einer weiblichen *Gefühlsklärerin*) ja für den Augenblick genau die richtige Person, um Entwicklungen voranzubringen? Vielleicht aber ist das auch der Mensch, mit dem die Dualseele das ganze Leben verbringen möchte – aus freier Entscheidung. Sich dann in Neid, Eifersucht und Hass zu versteigen, gemein und hinterhältig zu werden, bringt niemanden weiter und führt definitiv nicht zu Frieden mit sich selbst innerhalb dieser Situation.

„Annehmen, was ist", dies scheint auch hier der einzig gangbare Weg zu sein. Merke ich also, dass sich schmerzliche Eifersucht zeigt, dann sollte ich mir ansehen, warum dieses starke Gefühl bei mir ausgelöst wird. Was steckt dahinter? Was neide ich? Kenne ich das Gefühl von früher? Aus welchem Zusammenhang? Und wenn ich hinter die Fassade des Gefühls blicke – was zeigt mir das über mich selbst? Wonach sehne ich mich wirklich, und wie kann ich dafür sorgen, dass diese Bedürfnisse gestillt werden – Dualseelenpartner hin oder her. Die Bachblüte Holly fördert den entspannten Umgang mit den negativen Gefühlen, macht freundlicher, kompromissbereiter und sanfter. Es geht um innere und äußere Harmonie und einen ausgeglichenen Seelenzustand, mit dem ich selbst gut leben kann. Auch hier geht es wieder darum, Vertrauen zu entwickeln, dass sich alles ideal fügt. Vielleicht ist es nicht immer das, was wir uns wünschen. Aber es ist ganz sicher das, was uns weiterbringt.

Walnut (Walnuss)

Walnut ist eine Bachblüte für Krisensituationen. Bei Wankelmut, starker Beeinflussbarkeit, Zögern und Verunsicherung hilft sie, die Stabilität zu behalten und auf dem eigenen Weg zu bleiben. Sie erleichtert den Schritt in neue Lebenssituationen, das Abnabeln von Altem und das Akzeptieren notwendiger Veränderungen. Ich selbst empfand Walnut als große Hilfe wann immer ich ins Zweifeln geriet ob dieser Weg, den ich für den Umgang mit meiner Dualseele gewählt habe, tatsächlich der richtige war. Walnut unterstützt dabei, an den Durchbruch zu glauben und sich selbst treu zu bleiben.

INTERESSELOSIGKEIT

Chestnut Bud (Blüte der Rosskastanie)

Manche Menschen, die sich mitten in Dualseelenprozessen befinden, möchte man gelegentlich schütteln, denn: sie tappen immer wieder in die gleichen Fallen und machen immer wieder die gleichen Fehler. Jedes Mal schmerzt es wieder, aber dennoch ändert sich am Verhalten nichts. Chestnut Bud hilft dabei, aus Erfahrungen und Fehlern zu lernen, eigene Schwächen zu erkennen, etwas daran zu verändern und sich so weiterzuentwickeln. Außerdem stärkt Chestnut Bud die Aufgeschlossenheit und das Interesse an Dingen, denen man zuvor keine Beachtung geschenkt hatte, und fördert Lernprozesse ganz allgemein.

Clematis (Weiße Waldrebe)

Traumwelten – dies ist das zentrale Thema der Bachblüte Clematis. In Dualseelenvorgängen kann es verlockend sein, sich in die eigene Fantasiewelt zurückzuziehen und sich auszumalen, was wird, wenn man denn endlich zueinanderfindet. Dies ist an sich nicht schlecht, doch sobald jemand nur noch tagträumt, abwesend ist und den Alltag nicht mehr bewältigen kann, wird dies zum Problem. Clematis unterstützt dabei, aus der Traumwelt in die Realität zurückzufinden und das Potential aus der Fantasie in konkrete Projekte – zum Beispiel in Musik, Kunst oder Ähnliches – umzusetzen. Dies stärkt wiederum das Vertrauen in die eigenen Fähigkeiten und den Selbstwert.

Honeysuckle (Geißblatt)

Üblicherweise fühlt sich die Begegnung mit der Dualseele großartig an. Es ist ein Zustand jenseits aller bisherigen Glücksgefühle – und so ist es nur zu verständlich, dass man sich nach dem „Bruch" genau dorthin zurücksehnt. Es ist wie ein Heimweh nach der anderen Seele, das sich ausbreitet und durch nichts zu stoppen zu sein scheint. Für alle, die sich nicht von dieser Vergangenheit lösen können, in der alles so schön und harmonisch war, eignet sich Honeysuckle als Unterstützer. Das Gestern ist für immer vorbei, es lässt sich nicht beeinflussen und man kann auch nicht darin leben. Nur im Hier und Jetzt haben wir die Möglichkeit, uns zur vollen Kraft zu entwickeln. Diese Bachblüte bringt in die Gegenwart zurück und hilft dabei, diese auch zu genießen – mit oder ohne Dualseele.

Mustard (Wilder Senf)

Viele Dualseelenbetroffene fallen nach der ersten Glückseligkeit in eine Phase tiefer Trauer und Melancholie. Der Verlust des anderen scheint unerträglich und die gesamte Welt ist in Schwarz gehüllt. Zugleich können sie nicht verstehen, warum sie so traurig sind, und sich nicht aus ihrer Trauer befreien können. Die Bachblüte Mustard unterstützt dabei, den aktuellen Zustand zu akzeptieren und anzunehmen, in den darin verborgenen Aufgaben einen Sinn zu finden und so wieder in die Balance zurückzukehren. Sie fördert Optimismus und begleitet durch schwere Zeiten.

Olive (Olive)

Erschöpfung ist das zentrale Thema von Olive. Wer sich ausgelaugt fühlt, körperlich und seelisch vollkommen fertig ist und starke Belastungen hinter sich gebracht hat, kann von dieser Bachblüte als Unterstützer profitieren. Sie hilft dabei, stagnierende Lebensenergie wieder zu aktivieren und unterstützt die Regeneration. Ich selbst empfinde Olive auch als deutliche Hilfe, wenn man den Eindruck hat, dass der Dualseelenpartner einem die letzte Energie raubt.

White Chestnut (Rosskastanie)

Das Gedankenkarussell dreht und dreht sich – man kann einfach nicht abspringen, egal, was man versucht. Die Gedanken kreisen unaufhörlich, man führt Selbstgespräche oder innere Gespräche mit der Dualseele – doch dieser Zustand ist alles andere als erholsam und gesund. Wer sich zwanghaft nur noch mit dem Dualseelenprozess befasst, keine Ruhe mehr findet und bedingt durch diese Gedanken auch unter Schlaflosigkeit leidet, kann durch die Einnahme von White Chestnut Erleichterung finden. Diese Bachblüte fördert die Analysefähigkeit, damit die Gedanken dann zu den Akten gelegt werden können.

Wild Rose (Heckenrose)

Manche Betroffene neigen in der Dualseeltransformation dazu, sich resigniert in das Leid und die Trauer fallen zu lassen. Sie verlieren jede Lebensfreude und werden gleichgültig, weil ohne den Dualseelenpartner plötzlich alles sinnlos erscheint. Es fehlt die Kraft, sich zu Veränderungen aufzuraffen. In diesem Zustand kann Wild Rose ein guter Begleiter sein und Interesse, Motivation und Lebensfreude wieder wecken. Auf diese Weise kann es gelingen, das Leben wieder selbst in die Hand zu nehmen, sich der Macht der eigenen Entscheidungen bewusst zu werden und aus Resignation und stiller Trauer auszusteigen.

EINSAMKEIT

Impatiens (Drüsentragendes Springkraut)

„Es dauert zu lange!"

Ungeduld mit sich selbst und anderen, Gereiztheit und überschießende Reaktionen – das ist das zentrale Thema dieser Bachblüte. Oftmals erlebt man in Dualseelenprozessen ein tiefes von innen heraus erlebtes „Angetriebensein". Man hat das Gefühl, keinen Moment länger mehr warten zu können – und weiß oft nicht einmal, worauf man eigentlich genau hofft. Diese innere Ungeduld kann Impatiens besänftigen. Ebenso geeignet ist diese Blüte, wenn man ungeduldig auf die Entwicklungsschritte des Dualseelenpartners schielt und immer der Meinung ist, der andere wäre nicht schnell genug. Impatiens fördert Geduld, Einfühlungsvermögen, innere Ruhe und Diplomatie.

Heather (Heidekraut)

In Dualseelenprozessen gibt es Phasen, in denen man nur noch um diese Thematik kreist – und so im Alltag oft andere Beziehungen belastet. Der klassische Fall ist der *Loslasser*, der nur noch vom eigenen Elend erzählt, ichbezogen extrem viel Aufmerksamkeit fordert, weil der eigene Schmerz gerade groß ist, und Freunde so unbewusst unter Druck setzt. Auch die geduldigsten Freunde können und wollen diese Thematik irgendwann nicht mehr hören – doch Menschen, die Heather dringend benötigen, bemerken nicht einmal, dass sie mit ihrem Geltungsbedürfnis anderen auf die Nerven gehen. Auch das Hervorstellen dieses „besonderen Dualseelenprozesses", um Aufmerksamkeit zu erreichen, und das permante Ringen um Aufmerksamkeit des Dualseelpartners, sind deutliche Zeichen dafür, dass Heather ins Spiel kommen sollte.

Water Violet (Sumpfwasserfeder)

Die ist eine Bachblüte für Menschen, die sich isolieren und zurückziehen – allerdings eher aus Stolz, und weil sie sich anderen überlegen fühlen. In Dualseelvorgängen begegnet man gelegentlich Menschen, die irgendwann beschließen, dass sie lieber alles mit sich alleine abmachen, „weil die da draußen ja ohnehin nicht nachvollziehen können, was in mir vorgeht!" Dies ist eine Form von Arroganz, die zu Einsamkeit führen kann, und somit am Entwicklungspotential deutlich vorbeigeht. Natürlich kann es gut sein, sich kurzfristig zurückzuziehen und die Gedanken und Gefühle zu ordnen – Water Violet kann aber dabei unterstützen, innerlich unabhängig zu werden und dennoch offen in Kontakt zu Mitmenschen zu bleiben. Dies ist ein Thema, das, wie ich finde, auch innerhalb einer Dualseelenbegegnung immer wieder interessant werden kann, denn wer möchte das nicht: den Kontakt zum anderen, aber dabei klar in der eigenen Unabhängigkeit stehen?

Notfälle/Trauma

Wer im akuten Krisenfall schnelle Unterstützung braucht, aber weder Zeit noch Nerven hat, sich mit einer individuellen Mischung von Bachblütentropfen zu befassen, der kann auf die „Notfalltropfen" zurückgreifen. Es gibt sie, ebenso wie die Einzelblüten, von diversen Herstellern im Handel.

Remedy, die Notfalltropfenmischung, besteht aus den Bachblüten Cherry Plum, Clematis, Impatiens, Rock Rose und Star of Bethlehem.

HOMÖOPATHIE

Vorab sei gesagt: Ohne eine ausführliche homöopathische Anamnese ist es absolut unmöglich, das individuell exakt passende Mittel zu finden – und genau in der Individualität liegt ja die Stärke der Homöopathie ebenso wie der Chinesischen Medizin oder anderer naturheilkundlicher Methoden. Trotzdem gibt es natürlich auch homöopathisch einige Mittel, die sich für auftauchende Probleme im Dualseelenprozess regelrecht „aufdrängen". Die folgende Auflistung ist allerdings nicht als Therapieempfehlung zu sehen, sondern lediglich als Hinweis darauf, dass sie eine Entsprechung zu Zuständen haben, die im Dualseelenprozess oftmals vorkommen.

Ignatia amara (Ignatiusbohne)

Ignatia ist das klassische Mittel bei Störungen, die durch emotionale Belastungen ausgelöst wurden. Charakteristisch ist eine Überempfindlichkeit aller Sinne und Überempfindlichkeit gegen Schmerzen. Tabakrauch wird nicht ertragen. Unterdrückte Wut, verdrängter Kummer und Enttäuschung führen zu Erschöpfung psychischer und physischer Art. Menschen, die Ignatia brauchen könnten, neigen zu Stimmungsschwankungen, möchten diese aber nicht zeigen. Trost verschlimmert die Beschwerden eher, zugleich kommen häufig widersprüchliche Symptome vor, die sich rasch abwechseln. Auffällig ist, dass sich Kummer und Trauer in vielem Seufzen zeigen.

Das Befinden bessert sich häufig durch Essen, vor allem von sauren Dingen, durch Wärme, Alleinsein und tiefes Atmen.

Eine Verschlechterung erfolgt durch erneute Schocks, Kummer und Sorgen, bei Kälte und im Freien, durch Kaffee und andere Stimulanzien sowie durch Tabakrauch.

Natrium muriaticum (Natriumchlorid)

Natrium muriaticum ist angezeigt für introvertierte Menschen, die nach zerbrochenen Beziehungen und gebrochenem Herz in Depressionen verfallen. Heftige Niedergeschlagenheit und das Gefühl von Einsamkeit ist ebenso charakteristisch für dieses Mittel wie Verschlossenheit und das jahrelange Verweilen im Kummer. Trost verschlimmert die Lage und vor anderen kann nicht geweint werden. Es besteht die Sehnsucht nach bedingungsloser Liebe und zugleich die Neigung, sich in unerreichbare Menschen zu verlieben. Musik kann zum Weinen bringen. Furcht vor Intimität, Zurückweisung, Vertrauensbruch und Kontrollverlust.

Wer Natrium muriaticum braucht, fühlt sich im Freien meist besser, ebenso helfen tiefe Atemzüge, kühles Baden, langes Reden und das Tragen enger Kleidung.

Sonnenlicht, Hitze und Meer verschlechtern die Beschwerden ebenso wie geistige Anstrengung, starke Gemütsbewegungen, Lärm, Musik und Trost.

Aconitum napellus (Blauer Sturmhut/Echter Eisenhut)

Aconitum ist das geeignete homöopathische Mittel bei mentalen und emotionalen Schocks. Für Menschen, die seit einem Schock nicht mehr gesund geworden, bzw. nicht mehr auf die Füße gekommen sind. Auch bei Alpträumen und Panikattacken, großer Ruhelosigkeit und Furcht vor der Zukunft leistet der Sturmhut gute Dienste. Menschen, die Aconitum brauchen, fürchten sich vor dem Tod und glauben, dass sie bald sterben werden. Vorahnungen und Hellsichtigkeit können auftreten. Musik wird nicht ertragen, weil sie traurig macht.

Besserung stellt sich ein durch Ruhe, durch Aufenthalt im Freien, durch Schwitzen, durch Wein und durch Stillsitzen.

Der Zustand verschlechtert sich durch Schreck, Schock, Ärger und generell durch starke Gemütsbewegungen. Kälte und kalter Wind werden nicht gut vertragen, außerdem ist die Situation nachts schlimmer als am Tage.

Lachesis muta (Buschmeisterschlange)

Lachesis ist eines der Mittel zur Behandlung von Beschwerden, die aufgrund von Kummer, Schreck, Verärgerung, Zorn, Eifersucht und enttäuschter Liebe entstehen. Charakteristisch ist, dass Menschen, die von Lachesis profitieren können, zornig sind und auf Rache sinnen. Zudem können depressive und manische Phasen sowie starke Eifersucht vorkommen. Geistige Verwirrung und Wahnideen liegen ebenfalls im Spektrum dieses homöopathischen Mittels.

Besserung der Symptome erfolgt durch Aufenthalt im Freien, durch kalte Getränke, durch warme Umschläge und durch harten Druck auf den Körper.

Eine Verschlechterung tritt u.a. durch heiße Getränke ein, ebenso nach dem Schlafen und durch jede Form von Unterdrückung.

CHINESISCHE MEDIZIN

Der Chinesischen Medizin gehört mein „Herzblut". Wann immer ich mit gesundheitlichen Problemen oder auch mit seelischen Blockaden zu tun habe, begebe mich bei einem von mir sehr geschätzten Therapeuten dieses Fachbereiches in Behandlung – ganz einfach, weil dieser mich schon lange kennt, ich ihm Tausendprozentig vertraue und nicht zuletzt, weil die Chinesische Medizin bei mir stets gute Wirkung zeigt.

Ich habe diesen Menschen auch in meine Dualseelenproblematik eingeweiht, als mich die ganze Geschichte mit Christoph immer stärker zu belasten begann. Er begleitete über Monate die unterschiedlichen Phasen mit Akupunktur und ich bin ihm für die Impulse, die er gesetzt hat, und die ausgleichende Wirkung der Nadeln sehr dankbar.

Am interessantesten für mich war eigentlich die Erkenntnis, welche Punktkombinationen mir weitergeholfen haben. In einer Zeit, in der ich das Gefühl hatte, nicht nur mit meinen eigenen Emotionen zu kämpfen, sondern auch die von Christoph quasi ungefiltert abzubekommen und mich regelrecht „besetzt" fühlte von den Gedanken an ihn, wandte mein Therapeut eine Kombination an, die mir im ersten Moment ein Stirnrunzeln entlockte. Sie beinhaltete nämlich einen Haufen Punkte, die in der Traditionellen Chinesischen Medizin bei Schizophrenie angewendet werden. Ich fühlte mich ehrlich gesagt ein wenig auf den Schlips getreten, denn ich war ja nicht schizophren – ich hatte „nur" eine Dualseele!

Umso überraschter war ich vom Erfolg. Die „Besetzung" ließ am Tag der Behandlung und noch an zwei darauf folgenden Tagen deutlich nach, und in mir stellte sich akzeptierender Frieden ein. Ein wunderbarer Zustand nach dem permanenten Kreisen der Gedanken und dem Eindruck, nicht mehr Herrin der eigenen Sinne zu sein!

Wir brauchten einige Termine, um die Situation zu stabilisieren, denn zaubern kann auch die Chinesische Medizin nicht. Für mich bedeutete sie aber eine starke Unterstützung im Laufe des Prozesses und ich bin sehr dankbar dafür, jemanden zu haben, der mir mit Rat, Tat und unglaublich viel Wissen zur Seite steht.

AROMATHERAPIE

In Zeiten, in denen ich zuhause wie blockiert die Wände anstarrte, fühlte ich mich ganz oft, als säße ich in einer düsteren Schachtel. Draußen war es Sommer geworden, die Welt war bunt und fröhlich, die Stadt brodelte vor Energie – doch jegliche Lebensfreude schien mit Christoph aus meinem Leben verschwunden zu sein. Ich kam mir fürchterlich albern vor und ärgerte mich über mich selbst, doch über viele Wochen kam ich nur sehr schwer aus diesem Zustand heraus. Es war, als würde ich mit sehr viel Anstrengung hin und wieder den Deckel der Schachtel ein Stück nach oben stemmen können, so dass zumindest ein schwacher Lichtstrahl ins Innere fiel – doch sobald meine Kräfte nachließen, schloss sich auch dieser Deckel wieder und die Dunkelheit kehrte zurück.

Der Sommer verging, es wurde Herbst. Mit den kühleren und dunkleren Tagen spürte ich einerseits Erleichterung, denn der merkwürdige Zwang, am lebhaften Treiben draußen teilzuhaben und so zu tun, als wäre mit mir alles in bester Ordnung, war nun nicht mehr so stark zu spüren. Zugleich führte die zunehmende Dunkelheit und Kälte aber nicht dazu, dass ich mich besser fühlte.

Im Spätsommer hatte ich Christoph mit all meinen offenen Fragen konfrontiert, viele Antworten von ihm erhalten – und die absolute Gewissheit, dass meine Dualseele nichts von mir wissen wollte. Ich hatte mich in den Rückzug begeben und jeglichen Kontakt abgebrochen. Aus Sicht der chinesischen Medizin eine gute Zeit, denn mit dem Herbst beginnt die Phase des natürlichen Loslassens. Ich fühlte mich also in gewisser Weise von den Zyklen der Natur unterstützt und getragen.

Zu Beginn dieser kühlen Jahreszeit begann ich natürliche ätherische Öle zu nutzen, um meine Gedanken zu klären und wieder fokussierter zu werden. Ich kannte die Prinzipien der Aromatherapie bereits und wunderte mich ein wenig, dass ich erst so spät darauf gekommen war, die Öle auch für mein eigenes Wohlbefinden im Dualseelenprozess einzusetzen. Aber auch das ist wohl ein typisches Lernfeld … sich selbst wichtig nehmen und nicht immer hintenanstellen …

Ich besorgte mir also eine Duftlampe, stellte sie auf und ließ die Ölmischungen wirken, während ich arbeitete, oder Hausarbeit verrichtete, oder einfach nur vor dem Fernseher saß. Ich merkte deutlich, dass mich die ätherischen Öle hilfreich dabei unterstützten, meiner Arbeit wieder konzentrierter nachzugehen und auch die Herzschwere loszulassen, die mich seit Monaten nicht aus den Klauen ließ.

Das energetische Band, das ich zwischen Christoph und mir spürte, war zwar immer noch da – genauer gesagt waren es drei: eines auf Herzhöhe, eines auf Höhe des Solarplexus und eines auf Höhe des Sakralchakras – aber ich konnte immer besser damit umgehen. Es gelang mir immer deutlicher, die Verbindung auch einmal „ruhen" zu lassen. Im Übrigen stellte ich im Lauf der Wochen fest, dass auch andere Chakren sich immer wieder einmal meldeten und es sich anfühlte, als würden sich kurze Verbindungen knüpfen. Sobald es für mich schwierig wurde, ging ich dazu über, das gespürte energetische Band mit einer gezielten Handbewegung zu „durchtrennen", um es (für den Moment) zur Ruhe zu bringen. Eine endgültige Abtrennung ist mir nie gelungen, und vielleicht ist das auch nicht nötig oder zielführend. Es geht meiner Meinung nach lediglich darum, trotz der energetischen Verbindung das eigene Leben in aller Fülle und Kraft zu gestalten – mit dem Fokus darauf, was einem selbst im Moment gut tut.

Ich stellte fest, dass mir die Arbeit mit den Duftölen gut bekam. Ich setzte den Fokus auf ätherische Öle, die vor allem für Zentrierung sorgen und die Stimmung heben, weil das über einen langen Zeitraum meine größten „Baustellen" waren. Ich war flatterig, unkonzentriert, energielos und dennoch unruhig – und viel öfter als mir lieb war, hatte ich mit depressiven Phasen zu kämpfen.

Ich fragte mich dabei zwar immer, ob es in diesen Fällen nicht viel mehr Christophs Gefühle waren, die fälschlicherweise bei mir landeten (meine Dualseele hat mit Depressionen und chronischen Erschöpfungszuständen zu tun), aber trotzdem fühlte sich die Erscheinungen in den akuten Momenten für mich erschreckend real an. Ich musste einen Weg finden, um damit umzugehen und neben den Bachblüten, Homöopathie, Chinesischer Medizin und anderen Methoden halfen mir auch die Duftöle mit ihren stimmungsaufhellenden, beruhigenden und angstlösenden Eigenschaften erheblich weiter.

Im Bereich der psychischen Beschwerden kommen viele unterschiedliche Öle zum Einsatz. Hier ein kurzes Portrait einiger Öle, die ich als sehr hilfreich empfunden habe. Ich beschränke mich bei den Beschreibungen allein auf die psychische Wirkung und auf die Nutzung durch eine Duftlampe. Selbstverständlich verfügen viele der Öle auch über Eigenschaften, die körperliche Beschwerden lindern können. Wer sich dafür interessiert und tiefer einsteigen möchte: es gibt zum Thema Aromatherapie jede Menge gute Fachliteratur.

Angelica (Angelica archangelica / Engelwurz)

Das Angelicaöl riecht erdig, aromatisch und ein wenig krautartig. Es wird schon sehr lange in der Naturheilkunde eingesetzt. Im Mittelalter galt es als Mittel gegen Angst, und dort liegen auch heute im psychischen Bereich seine großen Stärken. Angelica unterstützt das Durchhaltevermögen und bringt in die stabile Mitte zurück.

Benzoe siam (Styrax tonkinensis)

Benzoeöl wird aus Baumharz gewonnen. Es wirkt unterstützend, wenn man sich alleine und von aller Welt verlassen fühlt. Auch das Gefühl innerer Kälte und fehlende Geborgenheit sind Anzeichen, das Benzoe hilfreich sein könnte, um sich selbst etwas Gutes zu tun. Achtung: Benzoe kann evt allergische Reaktionen auslösen.

Dies gilt aber vor allem beim Auftragen auf die Haut und weniger für die Verwendung in der Duftlampe.

Bergamotte (Citrus aurantium)

Bergamotte ist eine Zitrusfrucht und verwandt mit der Orange. Der Geruch ist frisch, heiter und leicht süß. Das Öl wird aus den Schalen der Früchte gewonnen. Interessant ist, dass Bergamotte aufgrund des enthaltenen Methylanthranilat eine ausgesprochen antidepressive Wirkung hat und zugleich angstlösend wirkt. Es eignet sich auch bei Schlaflosigkeit und Unruhe.

Melisse (Melissa officinalis)

Melissenöl wird durch Wasserdampfdestillation aus den Blüten der Melisse gewonnen. Es duftet leicht, frisch und ein wenig zitronig. Ähnlich wie Neroli beruhigt es ein durch Aufregung klopfendes Herz und wirkt zudem gegen Angstzustände, bei Schlafstörungen und bei Nervosität. Auch bei depressiven Verstimmungen kann es unterstützen.

Neroli (Citrus aurantium)

Das Öl wird per Wasserdampfdestillation aus den Blüten der Bitterorange gewonnen. Es ist wissenschaftlich nachgewiesen, dass Neroli eines der Öle mit der stärksten beruhigenden und antidepressiven Wirkung ist. Es unterstützt gut in Prüfungssituationen, bei Schafstörungen und bei geistiger Erschöpfung. Zudem wirkt es beruhigend bei „Herzklopfen aufgrund von Stress und Anspannung". Ein wunderbares Öl auch zur Lösung von emotionalen Schockzuständen. Der Duft ist leicht und blumig.

Orange (Citrus sinensis)

Ursprünglich stammt die Orange aus China – das Wort „sinensis" im Namen weist noch darauf hin. Für die Ölgewinnung nutzt man die Schalen der Früchte. Orangenöl hilft durch seine warme fruchtige Note, Ängste zu lindern, entspannt und wirkt antidepressiv. Wer kein Öl nutzen möchte, kann auch einfach eine Orange schälen, die Schalen ein wenig einritzen und auf die warme Heizung legen – sehr schnell erfüllt der angenehme Duft dann den ganzen Raum.

Mandarine (Citrus reticulata)

Per Kaltpressung gewinnt man das Öl aus den Mandarinenschalen. Der Duft ist warm, süß und fruchtig. Auch Kinder lieben ihn oftmals sehr. Mandarinenöl wirkt beruhigend und weckt das Gefühl von Geborgenheit. Es ist ein Stimmungsaufheller und unterstützt bei der Lösung von Ängsten und stressbedingter Anspannung. Vor dem Einschlafen wirkt er Schlafstörungen entgegen.

Grapefruit (Citrus paradisi)

Wie bei vielen Zitrusfrüchten wird das Öl auch hier aus der Schale gewonnen. Der angenehm frische Geruch muntert auf, macht wach, wirkt leicht euphorisierend und entspannend. Vielfach wird es auch gegen Frust und Gereiztheit eingesetzt.

Geranie (Pelargonium graveolens)

Im Volksglauben gilt die Geranie als Mittel, das böse Geister fernhält. Das Öl wird aus Blättern, Blüten und Stielen gewonnen und riecht leicht nach Rose und Minze. Geranienöl findet vor allem Anwendung bei allen Arten von Ängsten, zudem bei Unruhe und hormonell bedingten depressiven Verstimmungen.

Kamille, römisch (Anthemis nobilis)

Blütenköpfe, aber auch alle anderen Teile der Pflanze, werden für die Herstellung von Kamillenöl genutzt. Es duftet süß und ein wenig krautig. Aufgrund des hohen Estergehaltes ist es ein Öl, das stark im psychischen Bereich wirkt. Hilfreich bei emotionalen Traumen und anhaltenden Schockzuständen, Unruhe, gestörtem Schlaf und depressiven Verstimmungen. Es dämpft Reizbarkeit und lindert Nervosität.

Lavendel (Lavendula officinalis)

Lavendelöl wird aus den Blüten und Rispen der Lavendelpflanze gewonnen. Es duftet süß-holzig und ein wenig krautig. Aufgrund seiner beruhigenden Wirkung eignet es sich hervorragend zur Linderung von Schlafstörungen und Unruhe sowie bei Ängsten.

Sandelholz (Santalum album)

Wie der Name sagt, wird das Sandelholzöl aus dem sehr harten Holz des Baumes extrahiert. Dieses erfolgt durch Wasserdampfdestillation. Der Duft wird seit sehr langer Zeit in der Parfumindustrie verwendet. Sandelholzöl wirkt entspannend und ausgleichend auf die Psyche und kann leichte Depressionen lindern. Bei stressbedingter Unruhe, Schlafstörungen, Erschöpfung und auch Wut ist es ein hilfreicher Begleiter.

Jasmin (Jasminum grandiflorum)

Jasminöl wird aus den Blüten der Pflanze gewonnen und gehört zu den kostbarsten Ölen überhaupt. Es wirkt vor allem auf das Nervensystem, löst Nervosität, Unruhe und Stress und unterstützt stärkend bei depressiven oder apathischen Phasen und mangelndem Selbstvertrauen. Der Duft ist intensiv blumig.

Rose (Rosa damascena)

Rosenduft bekommt man als Destillat oder Extrakt. Es wirkt entspannend und beruhigend bei Anspannung, Reizbarkeit und Wut, löst Ängste und unterstützt einen guten Schlaf. Melancholie kann durch den Duft gelindert werden. Rose umgibt uns mit dem Gefühl von Wärme und Geborgenheit.

Rosmarin (Rosmarinus officinalis)

Das Öl wird aus den Spitzen der Rosmarinzweige gewonnen. Es duftet klar, frisch und ein wenig herb. Rosmarinöl ist vor allem ein stärkendes Mittel. Im psychischen Bereich kann es dabei helfen, aus der Antriebslosigkeit wieder ins Tun zu kommen, aktiv zu werden. Zudem stärkt es die Konzentration und die Merkfähigkeit und unterstützt bei Gefühlen allgemeiner Erschöpfung.

Weihrauch (Boswellia sacra)

Weihrauchöl stammt aus der Rinde des Weihrauchstrauches, einem extrem widerstandsfähigen Gewächs, das selbst bei starker Hitze und Trockenheit überlebt. Das Öl wirkt vor allem auf die Psyche ein, entspannt und stärkt zugleich. Bei Erschöpfung, nervöser depressiver Verstimmung, Ängsten, Anspannung und Alpträumen.
Vorsicht: Bei Überdosierung in der Duftlampe kann es zu Benommenheit kommen. Deshalb lieber wenig nehmen und die wohltuende Wirkung genießen.

Zedernholz (Cedrus atlantica)

Zedernöl vermittelt den Eindruck von Wärme und Geborgenheit. Es wirkt stärkend und harmonisierend auf die Psyche, sorgt dafür, dass wir wieder mehr in die Analyse gehen und den Verstand benutzen und löst Ängste, Anspannung und Aggressionen. Auch bei Niedergeschlagenheit, Konzentrationsmangel und Nervosität leistet es gute Dienste.

Zypresse (Cupressus sempervirens)

Um das Zypressenöl zu gewinnen, verwendet man die Nadeln und Zweige der Zypressenbäume. Der Geruch des Öls ist süß und ein wenig rauchig. Seine psychische Wirkung entfaltet es in Trauerprozessen und bei auftauchender Verlustangst sowie bei Erschöpfung und Störungen in der Konzentration.

Pfefferminze (Mentha piperita)

Pfefferminzöl kennt wirklich jeder – es ist ein Klassiker bei Verdauungsbeschwerden und Kopfschmerzen. Der frische, klare Geruch des Pfefferminzöls hilft bei Konzentrationsschwächen, wirkt tonisierend auf die Psyche und sorgt für einen wachen Geist.

Muskatellersalbei (Salvia sclarea)

Aus den Blüten und Blättern der Pflanze wird das Muskatellersalbeiöl per Wasserdampfdestillation extrahiert. Es duftet süß und ein wenig krautartig. Der Geruch erzeugt Wohlbefinden und leichte Euphorie und wirkt psychisch aufhellend. Ebenso eingesetzt werden kann das Öl bei Anspannung, Stress, Ängsten und Erschöpfung.

Zitrone (Citrus limonum)

Das Zitronenöl wird aus den Schalen der Zitronenfrüchte gewonnen. Durch den frischen und heiteren Duft ist es in der Parfumindustrie sehr beliebt. Zitronenöl klärt die Raumluft und die Gedanken, wirkt anregend bei Konzentrationsmangel und depressiver Verstimmung und beruhigt die Nerven im Fall von Ängsten.

Vetiver (Vetiver zizanoides)

Vetiveröl wird aus Wurzeln per Wasserdampfdestillation extrahiert. Es duftet süßlich und findet in der Parfumindustrie häufig Anwendung. Es wirkt psychisch erdend und beruhigt bei Nervosität, Stress und Schlafstörungen sowie bei depressiver Verstimmung und Ängsten.

Petitgrain (Petitgrain bigarade)

Petitgrain-Öl wird aus den Blättern und Fruchtansätzen des Bitterorangenbaums gewonnen. Es duftet frisch und zitrusartig mit einem holzigen Unterton und wirkt bei Angstzuständen, Depressionen und nervöser Unruhe unterstützend.

Hier eine Liste geeigneter Öle für Stimmungslagen, die im Rahmen des Dualseelenprozesses häufig auftreten:

Depressive Verstimmunge / Graue Tage:
Geranie, Bergamotte, Angelica, Zitrone, Rose, Orange, Jasmin, Grapefruit, Neroli, Lavendel, Mandarine

Müdigkeit und Erschöpfung:
Zitrone, Muskatellersalbei, Bergamotte, Rosmarin, Weihrauch

Anflüge von Ärger und Zorn:
Neroli, Jasmin, Bergamotte, Petitgrain, Römische Kamille, Rose, Orange, Vetiver

Angst:
Neroli, Petitgrain, Mandarine, Bergamotte, Geranie, Lavendel, Rose, Vetiver, Zedernholz, Römische Kamille, Weihrauch, Melisse

Bei Verlustangst:
Zypresse

Mangelndes Vertrauen:
Rosmarin, Benzoe, Bergamotte, Grapefruit, Orange, Zypresse, Zitrone, Jasmin

Gefühle von Trauer:
Vetiver, Zitrone, Zypresse, Neroli, Sandelholz, Rose, Weihrauch

Unsicherheit:
Jasmin, Bergamotte, Melisse, Mandarine, Weihrauch, Vetiver, Zedernholz

Einsamkeit / Verlassenheitsgefühle:
Benzoe, Bergamotte, Rose, Römische Kamille

Bei mangelnder Konzentration und fehlendem Fokus:
Zitrone, Zypresse, Pfefferminze, Rosmarin, Grapefruit

Bei Anflügen von Panik:
Lavendel, Neroli, Weihrauch, Rose

Stressreduktion:

Geranie, Mandarine, Neroli, Melisse, Sandelholz, Lavendel, Rose, Grapefruit, Weihrauch, Jasmin, Bergamotte, Vetiver

Dies ist nur eine Auswahl an Ölen, die mir in meinem Prozess gutgetan haben. Experimentiere selbst ein wenig herum und finde heraus, wonach dir gerade ist. Du kannst die Öle natürlich auch mischen und so ganz individuell zusammenstellen. Und wenn du das Angenehme mit dem Nützlichen verbinden möchtest, mische dir dein eigenes Körperöl für eine Massage indem du als Trägersubstanz Mandelöl benutzt und einige Tropfen eines ätherischen Öls deiner Wahl hinzugibst. Oder du stellst ein eigenes Badeöl her. Auch hier kannst du nach Belieben mischen.

Achte beim Kauf auf eine gute Qualität der Öle – dies ist wirklich wichtig. In minderwertigen Produkten finden sich nicht nur eventuell Rückstände von Pestiziden, sie sind nach meiner Erfahrung auch weniger wirksam in der Anwendung. Ein gutes ätherisches Öl hat durchaus seinen Preis, aber es gibt etliche Anbieter auf dem Markt, so dass du vergleichen kannst. Ein weiterer Vorteil der teureren Öle: Du brauchst weniger davon.

HILFREICHE PFLANZEN

Die Pflanzenheilkunde bietet eine Vielzahl an Möglichkeiten, um sich selbst im Dualseelenprozess wieder „besser in die Spur" zu bringen. Bei Unruhe und Ängsten eignet sich z.b. ein Tee mit Lavendelblüten, Passionsblumenkraut, Hopfenzapfen und Pomeranzenschalen. Auch Melissenblätter, Baldrianwurzel oder Johanniskraut sind einen Versuch wert. (Bei Johanniskraut ist allerdings zu beachten, dass es zum einen die Lichtempfindlichkeit stark erhöht und zum anderen die Wirkung der Anti-Baby-Pille beeinflusst – also aufpassen!) Lass dir am besten ein für dich passendes Teerezept von einem Therapeuten deines Vertrauens zusammenstellen und die Bestandteile in der Apotheke mischen. Dann kannst du sicher sein, dass auch die Qualität der verwendeten Produkte gut ist.

Wer nicht gerne Tee trinkt, kann auch auf pflanzliche Urtinkturen zurückgreifen. Diese enthalten allerdings Alkohol. Urtinkturen sind wunderbare Helfer, wenn man seelisch loslassen möchte. Hier bieten sich u.a. Präparate aus Avena sativa (Hafer), Passiflora (Passionsblume) Melissa (Melisse) oder Lavendula (Lavendel) an. Eine Urtinktur, die ich immer im Haus habe, ist Geranium robertanium (Storchenschnabel). Sie ist das Mittel bei akuten Schocks und festsitzenden Traumen. Ab und an, wenn mal wieder eine unerwartete Wende im „Christoph-Universum" stattfindet und ich den Eindruck habe, dass es mich ins Taumeln bringt, nutze ich sie. Die Urtinktur ist dann eine wirklich gute Unterstützung für mich.

VITAMINE UND MINERALSTOFFE

Jeder, der starken Belastungen ausgesetzt ist, sollte seine Versorgung mit Vitaminen und Spurenelementen im Blick behalten.

Die Vorgänge nach der Begegnung mit der Dualseele können extrem zehrend für Körper und Seele sein. Ich fühlte mich teilweise, als befände ich mich inmitten eines anstrengenden Marathonlaufs, der überhaupt nicht mehr enden wollte. Abgesehen von naturheilkundlicher Unterstützung kann es da hilfreich sein, sich auch um das ganz „handfeste" Thema Vitamine und Spurenelemente zu kümmern.

Im Rahmen des Dualseelenprozesses wird gesunde Ernährung durch den alles überschattenden Kummer oft ebenso vernachlässigt wie ausreichende Bewegung. Man hat keinen Appetit mehr, geht kaum noch an die frische Luft und kann sich zu nichts mehr wirklich aufraffen, weil schlicht und einfach die Kraft fehlt.

So kann es mit der Zeit zu Unausgewogenheit in der Versorgung mit Nährstoffen kommen, die sich dann wiederum erneut ungünstig auf Psyche und körperliches Befinden auswirken. Ein Teufelskreis, in den man aber nicht zwangsläufig hineingeraten muss.

In meinem Fall hat z.B. eine zusätzliche Versorgung mit B-Vitaminen, Vitamin D-Hormon und Eisen gute Unterstützung gegeben. Was benötigt wird, ist allerdings individuell sehr unterschiedlich.

Lass von deinem Arzt ein entsprechend ausführliches großes Blutbild und einen Test auf Mineralstoffe durchführen, um die aktuellen Werte zu bekommen und sieh dir an, welche Vitamine und Spurenelemente in deinem Fall ausbalanciert werden müssen. Auch hier gilt: Am besten suchst du dir für die Behandlung einen erfahrenen Arzt oder Heilpraktiker deines Vertrauens, berichtest davon, dass du dich in einer stark belastenden Phase deines Lebens befindest und dass du deshalb sichergehen möchtest, mit allen lebensnotwendigen Vitaminen und Spurenelementen ausreichend versorgt zu sein. So erhältst du eine qualifizierte und individuell auf dich zugeschnittene Behandlung und kannst sicher sein, dass keine Über- oder Fehldosierung zu unnötigen Problemen führt.

BACK ON TRACK – LERNAUFGABEN FÜR KÜNSTLER UND ALLE ANDEREN

Hoppla! Warum ein Kapitel, in dem sich Blockadelösung mit den Möglichkeiten der Kreativität verbindet? Es müsste nicht sein in einem Buch über Dualseelen. Aber da ich und meine Dualseele selbst Künstler sind – ich im Bereich Schriftstellerei, Christoph in der Fotografie – stolperte ich in meiner Transformationsarbeit sehr bald über dieses Thema.

Wie ich bereits geschrieben habe, war eines meiner liebsten Ausdrucksmittel immer das Schreiben. Das ist meine Kunst, die Form, in der ich mich am besten ausdrücken kann, und es ist nicht zuletzt meine Leidenschaft. Worte finden konnte ich immer. Mit Sätzen Atmosphären gestalten, Geschichten zum Leben erwecken, Figuren erschaffen. Das war mein sicheres Terrain, eine Welt, die mir niemand nehmen konnte. Glaubte ich.

Nach dem Rückzug von Christoph ging nichts mehr. Ich fühlte mich vollkommen leer und plötzlich schien auch jede Kreativität aus meinem Leben verschwunden zu sein. Ich hatte zwar drei Romane in Arbeit und wollte diese eigentlich auch in diesem Jahr noch fertigstellen – aber egal was ich auch versuchte, es ging einfach nichts mehr voran. Jeder Satz wurde zu einer Qual, meine Konzentration war schlecht und ich begann mich irgendwann zu fragen, ob nicht vielleicht die Tatsache, dass meine Dualseele und ich beide Künstler sind (wenn auch auf ganz unterschiedlichen Gebieten) irgendeine Rolle in unserem Dualseelenprozess spielen könnte.

Was konnte ich aus der Tatsache lernen, dass mich Christophs Unterstützung während unserer Verbindung unendlich beflügelt hatte und ich nun, ohne ihn, plötzlich hilflos im Regen stand?

Es zeigte mir vor allem eines: Die Motivation für künstlerische Arbeit muss immer aus einem selbst heraus kommen. Nur dann hat sie eine stabile Basis und ist gegen das Auf und Ab des Lebens gefeit. Ich bin davon überzeugt, dass Kreativität eine Möglichkeit sein kann, den schweren und manchmal endlos und hoffnungslos scheinenden Alltag innerhalb einer Dualseelenaufarbeitung zu gestalten – im wahrsten Sinne des Wortes. In meinem Fall ging es in dem Transformationsprozess vor allem um das Schreiben, aber im Zuge dessen hatte ich auch mit Malerei, Zeichnen, Musik und Fotografie zu tun. All diese Felder bringen einen zu sich selbst zurück und in Kontakt mit den inneren Schätzen, die in jedem von uns wohnen und sehnlichst darauf warten, endlich zum Ausdruck gebracht zu werden.

Wähle die Kunstform, die dich für den Moment am meisten anspricht: Arbeite mit den Händen, mit Worten, mit Farben oder mit Fotografie, fang an zu nähen oder stricke, wenn es dir Freude bereitet, probiere dich im Backen oder Kochen oder gestalte deinen Garten oder Balkon kreativ nach deinen Bedürfnissen. Du kannst singen, tanzen, schauspielern – einfach alles kann zur künstlerischen Leidenschaft werden, und damit zu einem Feld, in dem wir uns selbst ausdrücken und so mehr zu unserem wahren Kern finden. Kunst kann in jeder Art und Weise heilen – durch Gefühle, die du in ihr ausdrücken kannst, durch die Erweiterung deines Bewusstseins, indem du mit deinem kreativen Ausdruck mehr über dich und die Welt erfährst, durch die Bearbeitung ungelöster Probleme, die meist aus einer Zeit lange vor der Begegnung mit deiner Dualseele stammen.

Kreativität kann dich in deine Kraft zurückbringen. Aus diesem Grund nehme ich dieses Kapitel mit in dieses Buch auf. Es soll dich dazu ermutigen, deine Talente (vielleicht ganz neu) zu entdecken und zu entwickeln, auszuprobieren und dabei Lebensfreude wiederzufinden. Es soll dich dabei unterstützen, den Dualseelenprozess aus künstlerischer Warte zu sehen und daraus etwas zu machen – für dich selbst und, wenn du das möchtest, auch für die Öffentlichkeit. Welche Wünsche zeigen sich, welche Ängste, welche Sehnsüchte und welches Glück? Geh nach innen und zugleich aus dir heraus. Zeig dich und deine Emotionen, zeig, was die Dualseelenarbeit mit dir macht, in deiner ganz eigenen Kunst. Wenn du selbst bisher noch nicht kreativ tätig warst, dann lade ich dich hiermit ganz herzlich dazu ein, deine persönlichen Talente in diesem Bereich zu entdecken. Mir hat es sehr geholfen, während meiner Auseinandersetzung mit meiner Dualseele die Blockaden in Kreativität umzuwandeln. Das Ergebnis war nicht nur ein gesteigerter Selbstwert, sondern auch Unmengen neuer kostbarer Erfahrungen, spannende Experimente in Kunstsparten, mit denen ich bisher nichts zu tun hatte und nicht zuletzt das Kennenlernen interessanter Menschen, die ich heute nicht mehr missen möchte.

Der Dualseelenprozess hat viele Facetten – aus den Blockierungen in die Kreativität zu kommen, ist eine davon. Ich empfinde sie als ungemein lösend. Vielleicht geht es dir ja auch so.

Lass dich nicht von Selbstzweifeln davon abhalten, dich auszudrücken – es geht hier erst einmal nur um dich. Zweifel sind so alt wie die Menschheit selbst und Künstler phasenweise die Könige der Selbstzweifel. Oftmals wird das eigene Talent negiert oder gar nicht erst gesehen, man belächelt sich selbst, um dadurch weniger angreifbar zu sein – denn nur, was mich von Herzen brennen lässt, lässt mich auch zutiefst angreifbar sein. Und manchmal nimmt man nicht einmal wahr, welcher Schatz in diesen selbst kreierten Werken steckt. Man hält für selbstverständlich, was man tut, weil es einem leichtfällt. Doch es ist nicht selbstverständlich, denn sonst gäbe es auch tausende anderer Menschen, die genau das tun würden. Dem ist aber nicht so.

Im Folgenden möchte ich einige Fallen, bzw. Lernfelder aufzeigen, mit denen man im Rahmen des Dualseelenprozesses konfrontiert werden kann. Ich bekam mit diesen Herausforderungen zu tun – mit einigen mehr, mit anderen weniger, aber es waren definitiv alle dabei. Ich denke, das musste so sein, damit ich tatsächlich alle Bereiche, die mich hinderten, mein wahres Potential zu leben, noch einmal genau ansehen konnte. Jede Blockade bot so die Möglichkeit zur Weiterentwicklung und zum Wachstum – auch, wenn mir das nicht immer schmeckte und ich ganz oft erkennen musste, dass die Brocken gekaut werden müssen, bevor man sie schlucken kann ... Leichter fiel es mir, indem ich den kreativen Ausdruck nutzte, um diese Themen zu bearbeiten. Und genau dazu möchte ich auch dich in diesem Kapitel animieren. Du wirst wahrscheinlich noch andere Themen finden, die im Rahmen deines persönlichen Dualseelenprozesses eine Rolle spielen. Kreativität kann ein Schlüssel zur Bearbeitung sein und er liegt bereits in dir. Du kannst ihn für jedes Thema nutzen.

Ich wünsche dir viel Spaß beim Erkunden deiner kreativen Seite!

ANGST

Angst scheint allgegenwärtig. In der westlichen Gesellschaft leben wir in sicheren Strukturen – und doch häufen sich Angststörungen. Dabei differiert das Ausmaß dieser Ängste zum Teil erheblich.

Angst ist aber auch ein Thema, an dem die wenigsten Kreativen völlig vorbeikommen. Oftmals bedrückt die Angst, dass die eigene Kunst nicht gut genug sein könnte. Es gibt häufig Angst vor kreativen Blockaden. Angst, dass die eigene Kunst ZU gut sein könnte – und damit früher oder später Neider auf den Plan ruft. Angst vor dem Versagen. Angst, dass man belächelt werden könnte, weil künstlerisches Arbeiten kein „richtiger" Beruf ist. Angst, etwas falsch zu machen. Angst vor Kritik. Angst vor dem, was in einem selbst an Kräften, aber auch an Schattenseiten schlummert. Angst, wie sich das Leben verändern könnte, wenn man dem Künstler in sich wirklich einmal den Freiraum lässt, den er sich wünscht …

Die Liste ließe sich endlos fortsetzen.

Jeder, der kreativ arbeitet, sei es als Hobby oder professionell, kämpft immer mal wieder mit dem Thema Angst. So sehr man auch liebt, was man tut, gegen diese Grundängste scheint man nichts ausrichten zu können. Daraus entstehen Hemmungen und Blockaden – man bekommt nichts mehr von dem auf die Reihe, das man sich vorgenommen hatte. Die Pinsel bleiben im Schrank, der Text bleibt ein Rohentwurf, das Kleid wird niemals fertig genäht und die Kamera verstaubt auf dem Regal.

Das Thema Angst ist Dualseelen-Betroffenen ein guter Bekannter. Ich bin selbst in diesem Prozess mit unglaublichen Ängsten konfrontiert worden, die ich in dieser Brisanz zuvor nicht erlebt hatte. Verlustängste, Ängste nicht gut genug zu sein, „verkehrt" zzu sein, Angst davor, meiner Dualseele „zu viel" zu sein. Angst vor Ablehnung. Angst davor, zu mir selbst zu stehen und die Konsequenzen zu tragen.

Im Verlauf der Wochen und Monate begann ich mich zu fragen, inwieweit diese Ängste denen ähnelten, die ich als Künstlerin kenne. Und ich fand einige Entsprechungen. Immer, wenn ich den Eindruck hatte, selbst nicht viel in einem Arbeitsprozess steuern zu können, dann stiegen Ängste auf. Ebenso beim Gedanken, dass meine Romane nicht gut genug sein könnten, dass sie den Ansprüchen anderer und vor allem auch meinen eigenen Ansprüchen nicht genügten.

Ich begann nach Lösungen zu suchen, um diese Ängste abzubauen. Das Mittel dazu war zunächst einmal eine behutsame Achtsamkeit. Man neigt dazu, unangenehme Gefühle wie Angst weit fortzuschieben und so zu tun, als wären sie gar nicht da. Aber sie schlummern im Untergrund. Sobald diese Ängste ganz bewusst angesehen werden, verlieren sie einen großen Teil ihres Schreckens.

Ich nahm mir also jedes Mal, wenn ich in Bezug auf Christoph von Ängsten gepackt wurde, einen Moment Zeit, um die Situation zu analysieren und führte ein kleines Interview in Gedanken mit mir selbst. Man kann diesen Vorgang auch aufschreiben, dann wird er noch besser greifbar. Ein Beispiel:

Ich habe Angst, ihn zu verlieren!
Wie ist diese Angst?

Beklemmend. Sie schnürt mir den Brustkorb zusammen und auf Höhe des Solarplexuschakras breitet sich eine leichte Übelkeit aus. Es wird immer schwerer, ruhig zu atmen und ich habe das Gefühl, aufspringen und mich bewegen zu müssen, damit diese Anspannung nachlässt. Ich bekomme Fluchtgedanken.

Wenn du der Angst eine Farbe geben müsstest, welche wäre es?
Ein sehr tiefes Dunkelrot.

Woher kenne ich diese Angst?
Sie ist mir vertraut aus der Kindheit. Und ich kenne eine ähnliche Beklemmung, wenn ich als Künstlerin Angst davor habe, dass meine Arbeiten floppen und ich abgelehnt werde.

Was ist diese Angst eigentlich?

Ich nehme an, sie zeigt mir mein Gefühl von Machtlosigkeit. Ich habe keinen Einfluss auf das, was geschieht.

Was wäre das absolut Schlimmste, das passiert, wenn ich Christoph verlieren würde?

Dies ist die zentrale Frage, denn: Bei genauem Analysieren merken wir, dass es uns nicht das Leben kosten wird. Ein wertvoller Mensch könnte gehen, ja. Und das würde schmerzen. Aber würde es das Leben für immer lahmlegen? Würde es uns umbringen? Ganz realistisch betrachtet: Nein. Man würde einen Weg finden, damit umzugehen. Immer. So speziell diese Situation und Verbindung auch sein mag.

Zuletzt stellte ich mir immer noch eine weitere wichtige Frage, nämlich: Wenn diese Angst eine Gestalt bekommen wollen würde, wie würde sie aussehen? Wie könnte ich sie künstlerisch umsetzen?

Auf diese Weise entstanden zahlreiche Texte unterschiedlichster Art, aber auch Zeichnungen, Bilder aus Pastellkreide, Skizzen, Fotografien und vieles mehr. Je nachdem, um welche Art von Angst es ging, zeigte sich ein anderes Ventil. Manchmal saß ich brüllend vor einem großen Blatt Zeichenpapier und arbeitete mit wilden Strichen mit schwarzer Kohle, bis das ganze Blatt zu schreien schien. Manchmal wurden Ängste zu filigranen Zeichnungen, manchmal zu Kurzgeschichten – viele davon nur Fragmente, Momentaufnahmen, mehr Atmosphäre als konkrete Handlung.

Doch ich lernte, dass ich meine Ängste liebevoll ansehen kann, und sie damit die lähmende Macht über mich ein Stück weit abgeben. Ich kann damit arbeiten, etwas erschaffen und mir während dieser kreativen Arbeit ganz in Ruhe darüber klar werden, was in mir passiert. Es liegt eine sehr befreiende Kraft in dieser Methode. Probiere es aus. Versuche nicht, dabei besonders gut zu sein. Sei einfach. Lass die Angst arbeiten. Sie wird ihre eigene Kunst aus ihrem Inneren erschaffen.

SCHEITERN

Scheitern, in dem, was man sich vornimmt – dieses Problem ist ein Teilbereich der Ängste. Solange man von der Angst beherrscht wird, scheitern zu können, blockiert man viele der Ressourcen, die eigentlich zur Verfügung stehen – künstlerisch und im sonstigen Leben. Zu Ängsten habe ich im vorigen Abschnitt etwas geschrieben. Wie aber geht man nun mit dem tatsächlichen Problem des Scheiterns um?

Was Christoph anging, so fühlte ich mich, als wäre ich gnadenlos gescheitert. Und im Licht betrachtet, ohne verklärende Brille, ist das auch so. Ich hatte mir etwas gewünscht, ich hatte dafür alles gegeben – und er hatte es abgelehnt. Mich abgelehnt. Wenn das kein Scheitern mit Anlauf ist, dann weiß ich auch nicht …

Ich bin von Natur aus weder besonders gut im Scheitern noch besonders gut im Aufgeben. Und doch blieb mir nichts anderes übrig, denn Christophs Ansagen waren deutlich. Ich konnte nichts mehr tun, als zu akzeptieren, was geschehen war.

Nach einigen Wochen im Hamsterrad von Trauer und Verzweiflung und den ewigen Gedanken, dass „man doch noch irgendetwas tun können müsste!", versuchte ich einen anderen Ansatz. Ich fragte mich, wie ich eigentlich im kreativen Bereich mit dem Scheitern umging.

Beispiel Buchverkäufe: Meine Romane verkaufen sich, aber sie sind keine Bestseller. Dafür sind die Themen, das Genre und die Figuren in den Büchern zu speziell. Je nach persönlichem Anspruch kann man das als Scheitern betrachten und frustriert sein. Man kann dann immer wieder das Gleiche machen und ein anderes Ergebnis erwarten – was nicht nur naiv, sondern auch wenig zielführend wäre. Oder aber man sucht nach anderen Möglichkeiten. Ich meine damit nicht, dass du deine Dualseele radikal abhaken und dir einen anderen Menschen suchen sollst (obwohl auch das eine Option ist, die vielen Betroffenen sehr gut tut und durchaus zu glücklichen Beziehungen führen kann). Ich meine vielmehr, dass es sinnvoller ist, nach einem anderen Umgang mit der Situation zu suchen. Wenn ich im Leben mit Plan A scheitere, dann entwickle ich Plan B und versuche nicht immer und immer wieder Plan A zu verwirklichen, in der Hoffnung, dass sich in der Zwischenzeit die physikalischen Gesetze, die Weltformel oder die Gunst der Götter verändert haben.

Mein Plan B in Bezug auf das Scheitern des Kontaktes zu meiner Dualseele war:

• mir ganz genau ansehen, was passiert ist
• nichts romantisieren
• analysieren, wie ich früher mit Situationen des Scheiterns umgegangen bin
• neue Wege finden – in meinem Fall war das die Übertragung der Frustration in kreativen Ausdruck

Scheitern tut fürchterlich weh und gerade in Dualseelen-Verwicklungen kann man daran eine halbe Ewigkeit herumkauen. Dennoch ist es wichtig, dass du aus der Erstarrung herauskommst. Schreib auf, was dieses gefühlte Scheitern (das ja vielleicht nicht für immer anhalten muss, aber aktuell ist es eben Fakt) mit dir macht. Welche Emotionen werden genau ausgelöst? Und was kannst du tun, damit es dich weniger verletzt, dich weniger blockiert, dich weniger von der Leichtigkeit deines Lebens abhält? Geh aus der Passivität in die Aktivität – nur für dich. Keine Sorge: Deine Dualseele wird ihren Teil selbst erledigen, aber nur, wenn du die Verantwortung für deine eigenen Aufgaben bewusst übernimmst.

SCHAM UND SCHULD

Wie konnte mir das nur passieren? Was habe ich selbst dazu beigetragen, dass es so weit kommen konnte? Bin ich schuld an allem? Ich sollte mich schämen, dass mir das passiert ist. Hätte ich doch nur besser aufgepasst! Aber schuld ist ja auch der andere! Wie konnte der mich nur so behandeln! Ich verstehe das alles nicht …

Dies sind Gedankengänge, die früher oder später auftauchen können, wenn nach einer Dualseelenbegegnung alles den Bach runtergeht. Ich habe mich mehr als nur eine schlaflose Nacht damit herumgeschlagen und ich bin mir sicher, dass es vielen anderen Betroffenen nicht anders geht.

Das Problem dabei: So sehr man auch grübelt – man findet keine zufriedenstellenden Antworten. Stattdessen dreht sich auch hier gedanklich alles wieder im Kreis und die Informationen, die man von Seiten der Dualseele brauchen könnte, bleiben nur allzu oft aus. Es ist, als befände man sich in einem runden Zimmer mit etlichen Türen – doch man kreist so schnell um die Achse der offenen Fragen, dass man einfach nicht abbiegen und den Raum durch eine der Türen verlassen kann. Stattdessen dreht man Runde um Runde, zermartert sich das Hirn und kommt de facto doch nicht wirklich vom Fleck.

Mir hat es in dieser Zeit geholfen, ein wenig Detektivarbeit zu betreiben. Wann und wo wurde ich in der Vergangenheit mit Gefühlen wie Scham und Schuld konfrontiert? Bei mir selbst, als Schriftstellerin, in meiner Familie, in Beziehungen, im Job? Was machen diese Gefühle mit mir? In welchen Bereichen schränken sie mich ein und was könnte dabei helfen, diese Muster aufzudecken und loszulassen? Viele Menschen erleben von Kindheit an Reglementierung durch Scham und Schuld. Dies ist irgendwann so selbstverständlich, dass diese Form der Manipulation überhaupt nicht mehr registriert wird. Man hat schlichtweg „dieses nicht zu tun" oder „so nicht zu sein".

Scham ist immer ein Kontrollinstrument und wird verheerend oft (bewusst und unbewusst) gebraucht – von jedem, auch von uns selbst.

Schuld ist ebenfalls ein interessanter Aspekt im Dualseelenprozess. Wer hat eigentlich schuld an dieser Begegnung, die alles anders werden ließ? Die das komplette Leben umkrempelt und einen selbst von innen nach außen stülpt? Niemand trägt Schuld daran – es ist eben, wie es ist. Aber wenn ich die Schuld daran, dass es mir schlecht geht, meiner Dualseele zuschiebe, denn nützt das niemandem – und es bringt den Prozess nicht das kleinste Stückchen voran. Eine schöne Formulierung, die mir einmal begegnet ist, lautet: Wem ich die Schuld gebe, dem gebe ich die Macht."

Wie ist das zu verstehen?

Indem ich jemand anderem die Schuld zuschiebe, gebe ich die Macht ab, über mein Befinden frei zu entscheiden. Ich selbst bin aber dafür verantwortlich, wie es mir geht. Niemand sonst! Auch die Dualseele nicht! Das ist eine entscheidende Erkenntnis!

Ich kann mich an jedem Tag, zu jeder Stunde und zu jeder Minute und Sekunde wieder neu dafür entscheiden, wie ich auf eine aktuelle Situation reagieren möchte und wie sehr mich etwas belastet. Ich bin nicht verantwortlich für das, was mir zustößt, also z.B. diese erste Begegnung mit der Dualseele, die alles so grundlegend verändert hat. Aber ich bin sehr wohl dafür verantwortlich, was diese Begegnung mit mir macht. Ich kann mich dazu entschließen, im größten Chaos in Niedergeschlagenheit und Trauer zu versinken, oder aber mit der verbliebenen Kraft, die ich langsam aber sicher weiter aufbauen kann, entschlossen und mutig die Verantwortung für mich selbst und mein Befinden zu übernehmen. Das ist nicht immer einfach und es wird immer wieder kurze Einbrüche geben, in denen das Befinden schwankt und man sich fühlt, als würde das ganze Gerüst aus Stärke, das man sich so tapfer aufgebaut hat, beim kleinsten Windstoß wieder zusammenbrechen. Aber das geschieht nur, wenn ich es auch zulasse.

Wem du die Schuld gibst, dem gibst du die Macht. Und Macht über dein Leben sollte nur bei einer einzigen Person liegen – bei dir selbst! Im kreativen Austoben, deinem eigenen Freiraum, können alte Muster von Scham und Schuld ein Ventil und letztendlich auch eine Auflösung finden.

EIFERSUCHT

Eifersucht ist in ganz vielen Dualseelenverbindungen ein großes und oftmals sehr schwieriges Thema. Mich erwischte diese Emotion sozusagen vollkommen aus dem Nichts heraus. Ich war nie ein besonders eifersüchtiger Mensch. Umso mehr erstaunte es mich, dass ich nun, in Bezug auf Christoph, von einer Eifersuchtsattacke in die nächste fiel. Ich konfrontierte ihn niemals damit, aber ich fand mich selbst in all dieser Eifersucht fürchterlich und erkannte mich nicht wieder. Wo war die Gelassenheit und Selbstsicherheit hin, mit der ich normalerweise mit Menschen umging? Warum war das jetzt so anders? Und vor allem: Wie, bitteschön, wurde ich diese Furie, die in mir lauerte, schnellstmöglich wieder los?!

Ich dachte lange, ich wäre eifersüchtig auf Christophs Partnerin, weil er sie liebte und nicht mich. Oder dass ich eifersüchtig auf Frauen reagierte, mit denen er im sozialen Netzwerk zu tun hatte, weil ich dachte, dass er mit diesen viel besser klarkäme, viel mehr gemeinsam hatte, viel mehr Spaß erlebte, als mit mir. Dass sie wertvoller waren und er sich deshalb lieber mit ihnen abgab, während er mich mied.

Es dauerte lange, bis ich auf den Gedanken kam, dass dieses Eifersuchtsdrama in meinem Inneren mir nur einen riesigen Spiegel vorhielt. Das Problem war weder Christoph, noch waren es die anderen Frauen. Das Problem war einzig und allein ich selbst!

Ich hatte in den Jahren vor meiner Begegnung mit Christoph sehr viel an meinem Selbstwert und meiner Selbstliebe gearbeitet. Ich kannte meine Schatten und meine Schwachstellen, und ich war inzwischen der festen Überzeugung, dass ich mich trotz meiner Unzulänglichkeiten mochte. Mehr als das, ich fand mich toll. Ich fand mich liebenswert, mir gefielen sogar meine Ecken und Kanten. Und weil ich mich selbst akzeptiert hatte, wie ich eben war, hatte ich üblicherweise auch nicht mit Eifersucht zu tun. Eifersucht kann nur entstehen, wenn man glaubt, etwas zu verlieren, weil man selbst „nicht ausreicht" oder „nicht gut genug ist". Sie beruht also auf mangelndem Selbstvertrauen, mangelndem Selbstwert und mangelnder Liebe für sich selbst.

In meinen bisherigen Beziehungen war diese Rechnung aufgegangen. Doch jetzt war plötzlich alles anders. Die Tatsache, dass ausgerechnet Christoph in mir diese wunden Punkte wieder wachrüttelte, erscheint mit dem Wissen um die Dualseelenthematik inzwischen nicht mehr besonders erstaunlich. Ich verstehe es heute als eine meiner ultimativen Prüfungen. Ich glaubte, ich hätte das Thema Selbstliebe bewältigt, meine Schatten angesehen und gelernt, mich zu akzeptieren, zu lieben und zu schätzen. Doch die aufflammende Eifersucht, die mich teilweise innerlich toben ließ, belehrte mich auf schmerzliche Weise eines Besseren.

Gerade bei Christoph, diesem Menschen, der mir auf unerklärliche Weise so viel bedeutete, löste sich meine ganze Sicherheit einfach so in Luft auf. Ich sehnte mich danach, dass er mich liebte wie ich ihn. Ich wünschte mir nichts mehr als Anerkennung von seiner Seite. Und je mehr ich in diesem Gefühl des Mangels war, desto heftiger, zerstörerischer und schmerzlicher wurde die Eifersucht. Die Angst, ich könnte ihn endgültig verlieren, war fast nicht zu ertragen. Es wurde zu einer riesige Herausforderung für mich, mir genau anzusehen, was hinter der Eifersucht steckte, und mir letztendlich einzugestehen, dass ich meine Themen noch lange nicht abgearbeitet hatte.

Offensichtlich glaubte mein Unterbewusstsein nicht daran, dass ich die Liebe verdient hatte. Und offensichtlich lag das daran, dass ich selbst mich noch nicht ausreichend akzeptiert hatte.

Ich machte mich auf die Suche nach wunden Punkten – und natürlich fand ich sie. Viele. Sehr viele. Ich begann mit den Selbstzweifeln zu arbeiten. Der morgendliche Blick in den Spiegel wurde zur ersten Chance des Tages für eine Lektion in Bezug auf den Selbstwert: „Sophie, ich finde dich wunderbar. Du bist einfach liebenswert!"

Sich selbst bei solchen laut ausgesprochenen Sätzen in die Augen zu sehen, kann zunächst befremdlich sein – aber es wird immer leichter. Probiere es aus!

Ich gewöhnte mir an, das innerliche Stoppschild hochzuhalten, sobald die Eifersucht aufkeimte.

Stopp! Moment, Sophie! Hier ist Eifersucht, hier tut etwas weh. Das liegt daran, dass du gerade glaubst, andere wären wertvoller als du selbst. Aber nur deshalb spiegelt Christoph dir dieses Problem!

Dieses bewusste Wahrnehmen wirkte sehr befreiend auf mich. Mir wurde klar, dass es keine Rolle spielte, mit wem Christoph gerade zusammen war. Die Verbundenheit zwischen uns existierte ja trotzdem, und alles, was gerade geschah, diente unserer Weiterentwicklung.

Ich hatte das beruhigende Gefühl, endlich ein Instrument in der Hand zu haben, das es mir leichter machte – und dieses Instrument hieß: Bewusstwerdung. Eine klare Analyse der zerstörerischen Unsicherheitsprogramme, die in meinem Unterbewusstsein aus dem Ruder zu laufen drohten. Und dann als logische Konsequenz: Gegensteuern!

Solange du an dir selbst zweifelst, solange du insgeheim der Meinung bist, nicht gut genug zu sein und diese Liebe nicht verdient zu haben – so lange wird auch deine Dualseele auf Abstand bleiben. Sie wird sich weder aus alten Strukturen noch aus bisherigen Partnerschaften lösen – egal, wie groß die Sehnsucht zwischen euch insgeheim sein mag.

Es fiel mir anfangs nicht leicht, aber ich beschloss, dass es mir gleichgültig werden musste, mit wem Christoph zusammen war. Lange Zeit hatte mich seine Partnerin wahrscheinlich mehr beschäftigt als ihn! Ich wusste, dass sie vollkommen anders war als ich – und ich ertappte mich bei der Frage, was denn an ihr so toll war und an mir nicht? Ich verglich uns beide – und wie allgemein bekannt ist, führen Vergleiche zu nichts. Im Gegenteil. Sie schwächen uns.

Ich musste lernen, schlicht und einfach anzunehmen, dass es diese andere Frau in Christophs Leben gab. Und dass es nicht meine Aufgabe war, diese Beziehung zu bewerten oder mir in irgendeiner Weise Gedanken darüber zu machen. Stattdessen konzentrierte ich mich auf mich selbst. In Selbstliebe. Auch an Tagen, an denen es mir nicht gut ging, und auch an Tagen, an denen ich nicht die Hälfte von dem erreichte, was ich eigentlich geplant hatte. Ich warf meine ganze Energie in die Waagschale – für mich selbst.

Hilfreich war dabei u.a. das Schreiben einer Liste. Ich notierte alles, was ich an mir positiv und schön fand, begonnen von charakterlichen Eigenschaften über Sozial- und Berufskompetenz bis hin zu meinem Körper. Doch ich schrieb es nicht nur einfach auf. Ich wurde kreativ und erstellte eine regelrechte „Landkarte der schönen Sophie", in allen nur denkbaren Facetten. Ich fertigte eine Collage an, die mir während der Herstellung und auch danach bei jedem Blick darauf immer wieder ins Bewusstsein rief, wie wertvoll und liebenswert ich wirklich war – und wie einzigartig.

Wie könntest du dir bewusst machen, welche positiven und schönen Seiten es an dir gibt? Es sind viele und sie sind es absolut wert, aufgeschrieben und sichtbar gemacht zu werden! Nutze deine Kreativität, um deine eigene Landkarte der Schönheit zu erstellen. Zeichne, male, schreibe, fotografiere, nutze andere kreative Mittel – tue, was immer dir angemessen erscheint und in den Sinn kommt. Ich bin mir sicher, es wird nicht nur eine Menge Spaß machen, sondern dir auch sehr viel Energie im Transformationsprozess geben.

AHNEN

Ein besonders interessantes Thema ist für mich immer wieder die Auseinandersetzung mit dem, was unsere Vorfahren uns „mit auf den Weg" gegeben haben – entweder ganz bewusst, durch Erzählungen, oder aber unbewusst. Manche Blockierungen, die uns unerklärlich sind, finden ihren Ursprung in Erlebnissen, die Generationen vor uns in der Familie geschehen sind. Dies kann uns sowohl im „realen" Leben, als auch in der kreativen Arbeit hemmen. Im Dualseelenprozess kommt natürlich erschwerend hinzu, dass wir mit unseren Dualseelenpartnern Erfahrungen aus vergangenen Leben teilen – auch, wenn diese uns nicht bewusst sind. Den Herausforderungen begegnen wir trotzdem.

Ich begann mich im Zuge des gesamten Chaos, das sich mehr und mehr in meinem Alltag ausbreitete, zu fragen, welche meiner Blockierungen ich eigentlich schon mein ganzes Leben mit mir herumschleppe. Dazu gehörte z.B., dass ich niemals zufrieden mit mir war. Stets hatte ich das Gefühl, etwas noch besser machen zu müssen, noch besser sein zu müssen. Und ich hatte von Kindheit an das Gefühl gehabt, dass mit mir etwas nicht stimmte.

Ich wurde in eine Familienstruktur hineingeboren, die einem sehr viel Raum zum Lernen ließ – wenn man es positiv ausdrücken möchte. Doch ich habe Jahrzehnte gebraucht, einige Psychotherapien und jede Menge Selbstreflektion, um viele der Verwicklungen zu lösen, was nicht immer angenehm war. Ich dachte eigentlich, dass ich die Konflikte mit meiner Familie „abgearbeitet" hätte.

Jetzt aber, nach der Begegnung mit Christoph, wurde mir klar, dass ich zwar alle Blockierungen lokalisiert hatte, die mit meiner Familienstruktur zusammenhingen – dass ich aber vollkommen vergessen hatte, den Menschen in meiner Familie auch zu verzeihen. Mit den meisten habe ich seit vielen Jahren keinen Kontakt mehr, daher stellte sich das Problem nie. Nun aber kamen plötzlich die alten Verletzungen wieder hoch, die weggeschobenen Fragen nagten erneut an mir und längst verheilt geglaubte Wunden wurden durch Christoph (ohne, dass er es wusste oder irgendetwas dafür konnte) wieder aufgerissen. Ich bin ihm inzwischen dankbar dafür, denn das brachte mich darauf, noch einmal genauer hinzusehen. Ich hatte noch immer jede Menge angestauten Frust in mir, was einige Leute in meiner Familie anging. Dieser Frust gärte ungut unter der Oberfläche vor sich hin. Ich begriff, dass ich niemals wirklich frei sein würde, wenn ich diese Anhaftung nicht losließ.

Leichter gesagt als getan – ich bin noch immer mittendrin, würde ich sagen. Aber indem man sich ahnenbedingte Konflikte bewusst ansieht, verlieren sie ihren Schrecken. Man kann damit beginnen, die Verklebungen aufzulösen und sich aus dieser Endlosschleife aus Erwartungshaltungen, Frustration und Ärger zu lösen. Und je mehr aus der Vergangenheit begriffen und reflektiert wurde, desto weniger hat man es nötig, diese alten Verletzungsmuster mit Menschen aufzuarbeiten, von denen man sich angezogen fühlt.

Für meine Arbeit als Schriftstellerin bedeutete die Loslösung von meiner Familie, dass ich ab sofort deutlich flexibler in der Wahl meiner Themen war. Ich musste niemand sein, der von ihnen „gern gesehen wurde". Ich lebte ohnehin ein vollkommen anderes Leben. Mir das noch einmal klarzumachen, löste in mir ein tiefes Gefühl von Befreiung aus. Es ging nicht darum, meiner Familie zu gefallen und es ging nicht darum, ein „braves" Mädchen zu sein. Es ging nur darum, ich selbst zu sein. Und wenn meine Ursprungsfamilie nicht dazu passte, dann war das eben so.

Diese Erkenntnis war nicht neu, aber im Rahmen der Aufarbeitung im Dualseelenprozess erfuhr sie eine tiefere Dimension. Es ist, als hätten sich einige Schichten gelöst, hinter die ich bisher nie gekommen war. Allein dies ist ein Grund, Christoph dankbar zu sein für jede Form von Ablehnung, mit der ich durch ihn konfrontiert wurde. Das ist nicht schön, nein. Und ja, mir wäre es auch nach wie vor lieber, wir hätten einen einfacheren Weg zueinander. Aber die Schätze, die ich innerhalb dieser Transformation heben kann (für mein Leben, meine Kunst, mein Lieben) sind unbezahlbar.

Scheu dich nicht, deine Familienstruktur genauer zu beleuchten. Nutze dazu das Herz und den Intellekt, analysiere, sammle Informationen auch über die Erlebnisse früherer Generationen. Ich fand es sehr spannend, herauszufinden, dass in meiner Familie mütterlicherseits immer wieder Frauen (sehr interessante Frauen, übrigens) mit sehr interessanten Männern konfrontiert wurden – und diese Männer fast ausnahmslos „in Nacht und Nebel" verschwanden – nur um dann irgendwann wieder aufzutauchen. Nicht immer mit positivem Ausgang, wohlgemerkt ...

Natürlich stellte ich mir die Frage, was das mit mir zu tun haben könnte. Ob sich eine Art „Gedächtnis" an diese Verluste „vererbt" hatte, und ob meine Angst, Christoph zu verlieren, etwas mit den Erlebnissen meiner Ahninnen zu tun haben könnte. Sicher sein kann ich da nicht. Aber unter diesem Gesichtspunkt konnte ich die Situation noch einmal deutlich distanzierter und aus einem anderen Blickwinkel betrachten, was mir innerhalb des Prozesses gut getan hat.

Welche Glaubenssätze, Muster und alten Strukturen trägst du mit dir herum? Was sind die Punkte, die dich immer wieder schmerzen, wenn du an deine Ursprungfamilie denkst? Und wie lässt sich durch kreativen Umgang damit ein Ventil finden? Du könntest Situationen, die dich verletzt haben, auf die Bühne bringen, indem du selbst Theater spielst, Pantomime, oder ein Stück schreibst. Du kannst einen Song daraus machen, ein Bild, eine Collage, einen Film. Dir stehen alle Türen offen und du darfst den alten Wunden eine neue Form geben. Es kann etwas wertvolles daraus entstehen, und du kannst dich zugleich würdig von den Verwicklungen verabschieden. Finde deinen eigenen Ausdruck für das, was dich in Bezug auf deine Ahnen umtreibt.

SELBSTWERT

Selbstwert und Selbstachtung – dies sind wohl die wichtigsten Themen in fast allen Dualseelenbegegnungen (und nicht nur dort). Durch die Zurückweisung erleben *Loslasser* oftmals heftige Krisen und stürzen von einem Selbstzweifel in den nächsten. Was stimmt nicht mit mir? Warum geht der andere so mit mir um? Was habe ich falsch gemacht? Bin ich zu dumm, zu hässlich, zu arm, zu dick, zu dünn, zu groß, zu klein, zu anstrengend, zu langweilig? Die Liste der selbstanklagenden Fragen ist endlos und die Abwärtsspirale, die so in Gang gesetzt wird, oftmals nur schwer wieder zu stoppen.

Genau hier sollten wir aufhorchen, denn wenn uns etwas so sehr in die Frage unseres Selbstwertes bringt, dann ist dieses Thema es wohl definitiv wert, genauer unter die Lupe genommen zu werden!

Die meisten von uns wachsen mit Prägungen auf, die unseren Selbstwert eher klein halten. „Nimm dich nicht so wichtig", „Das kannst du (noch) nicht", „Wie kann man nur so dumm sein", „Schuster, bleib bei deinen Leisten" – nur einige Beispiele für Sätze, die von Bezugspersonen oft achtlos dahingesagt werden, Kinder aber fürs Leben prägen können. Ganz sicher gab es auch in deiner Kindheit solche Erlebnisse. Im Lauf des Lebens „verselbständigen" sich solche einschränkenden Programme oft. Uns ist gar nicht bewusst, warum wir eigentlich eine so geringe Meinung von uns selbst haben oder uns kaum etwas zutrauen – aber es ist so. Wir nehmen als gegeben hin, dass wir nur ein bestimmtes Maß an Erfolg haben können, dass unsere Fähigkeiten nicht ausreichen um Außerordentliches zu erreichen – und das wir so, wie wir sind, eben irgendwie „falsch" sind. Ein Zustand, der alles andere als glücklich macht – und zudem unnötig ist.

Menschen mit geringem Selbstwert neigen dazu, ihr Licht unter den Scheffel zu stellen. Sie sind angepasst, um nirgendwo anzuecken und üblicherweise sehr harmoniebedürftig. Zudem gehen sie selten Risiken ein, bleiben lieber in ihrer gewohnten Komfortzone. Grenzen ziehen fällt ihnen schwer, weshalb andere es leicht haben, diese Menschen auszunutzen oder auf andere Weise die Grenzen zu überschreiten.

Im Dualseelenprozess scheint vor allem die ausbaufähige Grenzsetzung bei vielen *Loslasserinnen* und *Loslassern* ein zentraler Punkt zu sein. Dem *Gefühlsklärer* wird aus Liebe von Anfang an ein Maß an Handlungsfreiheit eingeräumt, das nicht selbstverständlich ist – und zudem nicht gut. Viele *Loslasser* neigen dazu, gerade bei ihrer Dualseele noch weniger Grenzen zu setzen. Dies führt dazu, dass der andere immer wieder „testet", wie weit er gehen kann. Und diese Tests können ungemein schmerzen. Ich hörte von Frauen, die jahrelang darauf hofften, dass ihr Dualseelenpartner sich doch endlich zu ihnen bekennt – und in der Zwischenzeit als „Affäre" hinhielten, wann immer dem Mann danach war. Die gemeinsame Zeit war großartig, der Sex erfüllend – und dann verschwand der *Gefühlsklärer* wieder für unabsehbare Zeit. Die *Loslasserin* blieb erneut mit einem Haufen Fragen und extremem Liebeskummer zurück.

Eine Situation, die niemand mit einem ausgeprägten Selbstwertgefühl, Selbstbewusstsein und einem klaren Gespür für gesunde Grenzen lange mitmacht. Doch in Dualseelenkonstellationen scheinen *Loslasser* oftmals so glücklich darüber zu sein, dass der *Gefühlsklärer* sich überhaupt mit ihnen abgibt, dass dieser wichtige Punkt schlicht und einfach „ausgeblendet" wird.

Solltest du selbst dich in einer solchen Konstellation befinden, wird es höchste Zeit, deinem Selbstwert eine Intensivkur zu verpassen! Es gehört zur Natur der Dualseelenbegegnung, dass sich Lernfelder auftun. Jeder Bereich, in dem sich immer und immer wieder die gleichen Muster und darauf folgend Verletzungen abspielen, ist eine Baustelle. Du musst nicht einmal lange herumanalysieren, um diese Felder zu finden. Es gibt zwei sehr deutliche Anzeichen, die dir den Weg weisen:

- etwas macht dir Angst
- etwas verletzt dich

Die sind die Gebiete, auf denen du für dich lernen kannst und solltest. Was immer dir Angst macht oder dir wehtut, ist ein deutlicher Ausschlag der Nadel auf deinem inneren Kompass – auch und gerade im Dualseelenlabyrinth.

Ein Mensch mit einem klaren Gefühl für den eigenen Wert lässt nicht zu, herumgestoßen zu werden. Er wird seine Grenzen flexibel und kompromissbereit gestalten, sich aber niemals für etwas oder jemanden aufgeben. Dieser Menschliebt sich selbst, achtet auf sein Wohlergehen, denn nur wenn er selbst glücklich ist, kann dieses Glück auch ehrlich und liebevoll andere mit einschließen.

Selbstwert steigern

Es gibt etliche Bücher zum Thema „Steigerung des Selbstwertes" und ich sehe es nicht als meine Aufgabe, hier ins Detail zu gehen. Ich möchte nur einige Tipps nennen, mit denen ich gearbeitet habe, als ich merkte, dass dieses Thema auch bei mir zentral wichtig ist.

Zunächst habe ich ganz bewusst den Fokus meiner Gedanken verändert. Ich habe beschlossen, mich nicht mehr mit dem zu befassen, was mir fehlt, sondern nur noch mit dem, was mich stärkt und glücklich macht. Ich richtete meine Konzentration auf die Dinge, die täglich bei mir gut gelaufen sind und habe mir angewöhnt, diese abends in einem kleinen Notizbuch in Stichworten aufzuschreiben. Das waren meine kleinen und großen Erfolge, die mir jeden Tag bewiesen haben, dass das Leben weitergeht – und das auch ohne Dualseele nicht schlecht! Wann immer ich dann einen richtig schlechten Tag hatte und mich selbst ungenügend fand, blätterte ich ein wenig in diesem kleinen Erfolgsheftchen. Ein sehr einfaches und zugleich sehr wirksames Mittel, um sich wieder bewusst zu machen, wie erfolgreich man durchs Leben geht.

Ein weiterer Schritt war, mir selbst noch mehr zuzutrauen und mich größeren Herausforderungen zu stellen. Ich hatte noch nie Angst vor Herausforderungen, deshalb war der Schritt für mich nicht allzu schwer. Aber: man kann Ziele immer noch ein wenig höher stecken und dabei sehen wie man als Persönlichkeit wächst, während man an der Umsetzung dieser Visionen arbeitet. Und ganz ehrlich: Das macht Spaß!

Ein echter „Killer" für den Selbstwert ist übrigens der Vergleich mit anderen. Egal ob es um das Aussehen geht, um Leistung im Job, um Familienkompetenz oder Status – Vergleiche scheitern immer. Und deshalb sollte man es sich schleunigst abgewöhnen, das eigene Leben gegen das anderer Menschen abzugleichen. Der erste Schritt hier ist also die Selbstakzeptanz. Es ist, wie es ist – und von diesem Punkt kannst du starten. Dein Wert resultiert nicht aus den Meinungen anderer, und du bist mit nichts und niemandem auf der Welt zu vergleichen. Das ist kostbares Geschenk. Verschwende nicht Zeit, Energie und Zufriedenheit damit, sein zu wollen wie andere sind – oder wie andere dich vielleicht haben wollen. Bring dein eigenes Licht zum Strahlen, das dient sowohl dir selbst als auch der Welt viel mehr, denn: Die anderen, mit denen du dich bisher verglichen hast, die gibt es schon …

Weiterentwicklung und Lernen – das waren für mich schon immer ganz unglaublich wichtige Punkte und sie werden es mit Sicherheit auch immer bleiben. Erweitere dein Wissen, deinen Horizont, eigne dir Neues an. Jede Kompetenz, die du neu erlangst, macht dich souveräner und führt dazu, dass du dich selbst mehr wertschätzt. Dabei ist es egal, ob du eine Fremdsprache lernst, Computerkurse machst, dich mit Astrophysik beschäftigst oder in Frankreich einen Acker kaufst und Weinbauer wirst – such dir die Felder aus, die dir Freude machen. Apropos: Was wolltest du als Kind eigentlich gerne werden? Vielleicht schlummert in diesem alten Traum eine neue Lerngelegenheit. Wer weiß?

Nutze, wenn du möchtest, auch deine Kreativität in diesem Prozess. Ich bin mir sicher, dass es deinem Selbstwertgefühl gut tut, wenn du Zeit in eine Tätigkeit investierst, die deine kreativen Seiten zum Ausdruck bringt. Schätze den Künstler in dir und fang an zu gestalten. Du wirst nicht nur einen Boost für deinen Selbstwert erfahren, sondern lernst vielleicht auf diesem Weg auch andere Menschen kennen, die in ähnlichen künstlerischen Gebieten unterwegs sind. Das wiederum bringt dir neuen Austausch und wertvolle Erfahrungen, die alle absolut überhaupt nichts mit deiner Dualseele zu tun haben – und das ist auch gut so. Es geht in diesem Prozess darum, loszulassen und dich selbst neu zu entdecken. Das ist ein wunderbares Abenteuer. Du würdest ganz sicher etwas verpassen, wenn du dich nicht von der Fokussierung auf deine Dualseele löst und auf die neuen Lernfelder einlässt.

Der wichtigste Punkt, um den Selbstwert zu steigern, ist meiner Meinung allerdings das Aussortieren von negativen und schwächenden Beziehungen. Sieh dir genau an, wer in deinem Umfeld permanent deine Energie abzieht. Wenn du dich nach Treffen oder Telefonaten mit bestimmten Menschen wie ausgelaugt fühlst, dann ist jemand in deinem Orbit, der dort (so) nicht hingehört. Dir bleiben mehrere Möglichkeiten, um mit dem Phänomen „Energie-Vampire" umzugehen. Entweder du wirfst diese Person aus deinem Leben. Das ist möglich und manchmal auch unvermeidlich, aber oftmals schätzt man diese Menschen ja auch nicht ohne Grund und möchte sie nicht gänzlich in seinem Leben missen. In diesem Fall wäre es gut, den Kontakt erst einmal auf das Nötigste zu reduzieren. Im besten Fall gelingt es dir, mit der betreffenden Person ein Gespräch darüber zu führen, was sich nicht stimmig anfühlt. Oftmals erweist sich eine solche Konstellation auch für den anderen als Chance.

Während du dich von Menschen distanzierst, die dir nicht gut tun, solltest du gleichzeitig nach Personen Ausschau halten, die dich unterstützen und stärken – dies kann z.B. über neue Hobbys geschehen. Du selbst bestimmst, mit wem du dich umgibst – das gilt übrigens auch für Familienkonstellationen … Sei es dir selbst wert, dich nur mit Menschen und Dingen zu beschäftigen, die dir wirklich gut tun. Langfristig wird sich das auszahlen.

Wir setzen dann Grenzen, wenn wir dazu bereit sind. Nicht früher. Bei manchen Menschen braucht es eine Menge Verletzungen, bis endlich dieser Impuls kommt. Dies ist typisch für *Loslasser*. Die „Gefühlklärer" hingegen ziehen nicht nur Grenzen, sie bauen Mauern. Eine Form von Selbstschutz, die ebensowenig von einen Tag auf den anderen abgelegt werden kann wie die „Grenzenlosigkeit" der *Loslasser*.

Wenn du dein eigenes Verhalten in Bezug auf Grenzziehungen verändern möchtest, analysiere zunächst genau, in welchen Situationen Menschen deine Grenzen überschreiten. Wie fühlst du dich damit? Welche Menschen sind das? Und was genau tun sie in dem Moment, in dem du den Eindruck hast, dass dir jemand „in deinen Tanzbereich" geraten ist?

Nach dieser Bestandsaufnahme ist es Zeit für ein kleines Experiment. Visualisiere, wie es wäre, wenn du dein persönlich optimales Maß an Grenzziehung im Alltag umsetzen würdest. Wie reagieren die Menschen um dich herum?

Nun probiere das Gleiche mit dem Gedanken an deine Dualseele. Wie reagiert dieser Mensch, wenn du ab sofort Grenzen ziehst? Was macht das mit ihm oder ihr? Wie verändert sich eure Konstellation? Wahrscheinlich kommt etwas ganz gewaltig ins Wanken, denn du störst mit deiner Verhaltensänderung ein eingefahrenes System, das – zumindest für einen von euch – über lange Zeit sehr gut funktioniert hat. Reaktionen deines Gegenüber können ganz unterschiedlich ausfallen: Irritation, Wut, Überredungsversuche, Manipulation, Ignorieren, Beleidigt-Sein, aber auch Neugier, Verwunderung und erstauntes Interesse – all das kann dir begegnen.

Du kannst dir sicher sein, dass dein zunehmender Selbstwert und daraufhin folgende Grenzsetzungen die Beziehung zu deiner Dualseele verändern werden. Und dies wird in jedem Fall positiv sein, weil es dich aus der Passivität heraus und in die innere Stärke hineinbringt.

MACHT

Das Thema Macht ist eine sehr interessante Baustelle. Für die meisten Dualseelenkonstellationen gilt: Der *Gefühlsklärer* ist in einer starken und mächtigen Position, sowohl was den Umgang mit Emotionen angeht, als auch die berufliche bzw. wirtschaftliche Lage. Die *Loslasser* hingegen müssen noch einige Prozesse durchlaufen, um in die eigene Macht zu kommen.

Bei Christoph und mir war es ein wenig kurioser. Er ist definitiv derjenige von uns, der über mehr Geld verfügt. Ich aber verfügte stets über mehr Freiheit in meiner Lebensplanung – und Freiheit ist eine große Macht. Er war in einer hohen Managementposition tätig und von daher gewohnt, mit wirtschaftlicher Macht umzugehen. Gefühle hingegen wurden unter Verschluss gehalten, um sich nicht angreifbar zu machen. Ich war hingegen mit einem riesigen Reichtum an Gefühlen gesegnet, mit denen ich auch offen umgehen konnte – aber meine wirtschaftliche Lage war stets ein wenig instabil.

Ich finde es sehr spannend, dass sich in Dualseelenkonstellationen genau diese Verteilung so häufig findet. Hier steckt ein ungeheures Entwicklungspotential, wenn man bereit ist, genauer hinzusehen. Die Frage nach Macht fordert dich dazu auf, zu überprüfen, wie du zu Macht stehst.

- Erzeugt der Gedanke an Macht Unwohlsein in dir oder ein Wohlgefühl?
- Ist sie in deinem Leben zu viel oder zu wenig vorhanden?
- Was und wie wärest du, wenn du genau die Macht hättest, die du dir wünschst?
- Und wie wärest du, wenn du jede Macht verlieren würdest? Was bliebe dann noch von dir übrig?

Solange die Macht innerhalb der Beziehung eines Dualseelenpaares unausgewogen ist – und ich meine damit nicht, dass der eine drei Euro mehr verdient als der andere, sondern deutliche Diskrepanzen der Macht in verschiedenen Lebensbereichen – so lange ist dieses Thema auch eine Baustelle, die unbedingt angesehen werden will.

Für mich bedeutete das ganz konkret, mich zu stabilisieren. Ich arbeite inzwischen wieder sehr konsequent daran, die Macht über mein eigenes Leben auszubauen, indem ich meine Arbeit als Therapeutin noch effektiver mache und weiterhin meine Bücher schreibe – auch und gerade, wenn mir meine Dualseele wieder einen schwierigen Tag beschert, weil er einfach nicht aus meinem Kopf oder meinem Herzen zu bekommen ist. Ich habe mir angewöhnt, mich durch nichts und niemanden aus meiner mächtigen Mitte bringen zu lassen – was zugegeben nicht immer einfach ist und auch nicht immer gelingt. Aber der feste Vorsatz ist auch hier der Beginn. Alles andere folgt.

Beleuchte dein Verhältnis zur Macht, lausche einmal in dich hinein. Falls dir Macht unangenehm ist, finde heraus, warum das so ist. Seit wann berührt dich Macht negativ? Welche Erfahrungen hast du gemacht, die diese Auffassung stützen? Wann war das? Kannst du sicher sein, dass deine Ansichten über Macht wahr sind? Und vor allem: Gilt das auch heute noch für dein Leben oder ist es ein Relikt aus vergangener Zeit, das dich heute in deiner Entwicklung eher hemmt als schützt?

Ich sehe Macht inzwischen als etwas sehr Positives. Nur wer in der Lage ist, sein eigenes Leben mit Macht zu gestalten, kann das volle Potential ausschöpfen, das in ihm wohnt. Und zudem das in den Fokus bringen und mit beeinflussen, was auch für die gesamte Welt wichtig ist: „mächtige" Themen wie Politik, Wirtschaft, Umweltschutz. Wenn ich die ganze Zeit klein denke, klein agiere und mich mit wenig zufriedengebe, dann ist auch mein Einflussbereich gering. Wenn ich wachse, mich weiterentwickle und mir meiner Macht bewusst werde, dann kann ich auch im Großen sinnvoll agieren. Deshalb: Hol dir die Macht über dein Leben. Und dann geh weiter.

Kreativer Impuls: Wenn du Macht in deiner Kunstform umsetzen würdest, wie sähe das aus? Was käme dabei heraus? Wäre das nicht ein interessantes Experiment?

WUT

Es gab Phasen, in denen ich vor lauter Wut auf Christoph kaum noch atmen konnte. Das war zu einem Zeitpunkt, an dem die heftigste Trauer abflaute und die Gefühle sich allmählich wandelten. Die Trauer kam immer wieder einmal nach oben, teilweise sogar heftig, aber sie nahm nicht mehr diesen riesigen, unverrückbaren Raum ein. Stattdessen gesellten sich andere Emotionen hinzu – und Wut war für mich (und für mein Umfeld in dieser Zeit) die unangenehmste unter ihnen.

Viele Menschen haben von klein auf gelernt, dass sie nicht wütend werden dürfen. Wut und Ärger sind Emotionen, die unerwünscht sind und deshalb lehnen viele von uns es ab, überhaupt wütend werden zu dürfen. Wir denken, dass Wut falsch ist und dass wir sie nicht leben sollten.

Ich gehöre zu diesen Menschen, die ihr Leben lang versucht haben, alles in größtmöglicher Harmonie zu klären – weil mir genau dies als Kind beigebracht wurde. Vernunft und Nachgiebigkeit galt immer als sinnvoller. Das ist sicher in ganz vielen Bereichen auch der erwachsenere und gesündere Umgang mit wuterregenden Themen. Aber trotzdem war die Wut da. Und sie forderte ihren Platz ein. Je mehr ich versuchte, sie zu verdrängen, oder unter „Licht und Liebe" zu ersticken, desto vehementer und unkontrollierbarer wurde sie.

An irgendeinem Punkt meines Transformationsprozesses wurde mir zudem klar, dass ich Christoph die ganze Zeit in Schutz nahm. Ich entschuldigte sein Verhalten, ich versuchte, ihn zu verstehen, ich gab mich geduldig und souverän. Und ich gestand mir nur schwer ein, dass vieles von dem, das er getan und gesagt hatte, mich nicht nur unendlich verletzte, sondern auch wütend machte. Stinkwütend!

Nachdem ich das erkannt hatte, öffnete sich ein Ventil. Ich weiß noch genau, wann das passierte. Es war gar nichts besonders geschehen. Ein normaler Mittwoch, ich hatte einen langen Arbeitstag hinter mir und saß mit einem Glas Rotwein in meiner Küche. Die Gedanken begannen zu wandern, ich reflektierte einmal mehr über all das, was zwischen Christoph und mir vorgefallen war – und plötzlich war sie da, die Wut. Ich tobte regelrecht von innen heraus und in den ersten Tagen wusste ich überhaupt nicht, wohin mit diesen nahezu unkontrollierbaren Impulsen. Es machte mir Angst, weil ich mich so nicht kannte, und zugleich empfand ich es als unglaublich befreiend, endlich einmal nicht mehr so furchtbar verständnisvoll und vernünftig sein zu müssen!

Zwischenzeitlich gab es dann Situationen, in denen ich eine Wut zu spüren glaubte, die sich deutlich von meiner unterschied. Ich glaube, dass diese Wahrnehmung lediglich Christophs Reaktion auf meine Wut war. Wieder einmal waren wir energetisch miteinander verknüpft, und das, was bei mir passierte, kam natürlich auch bei ihm an.

Wut entsteht, wenn wir uns ungerecht oder respektlos behandelt fühlen, verletzt werden oder denken, man nehme uns nicht ernst. Auch Angst kann sich gelegentlich als Wut äußern. Dann kaschiert der Angriff die tiefen Zweifel und Verletzungen, die uns eigentlich umtreiben.

All dies kann aber nur geschehen, wenn jemand einen wunden Punkt bei uns anstößt. Die Stellen, an denen wir wir nicht mit uns im Reinen sind. Jeder von uns besitzt diese Unvollkommenheiten, an denen wir besonders sensibel sind, und die Dualseele spiegelt uns gnadenlos, welche Anteile von uns noch der Bearbeitung bedürfen.

Auch hier ist ein wichtiger Schlüssel das Annehmen der Fehler. Ich sah mir in der Folgezeit sehr genau an, welches Verhalten von Christoph mich so wütend machte. Und was eigentlich dahintersteckte: In meinem Fall war es der dringliche Wunsch nach Anerkennung und „Gesehen-Werden". Indem Christoph sich von mir abwandte, wurde ich vollkommen handlungsunfähig. Ich nahm deutlich wahr, wie schwach ich mich plötzlich fühlte – und ich war wütend auf mich selbst, dass ich so etwas mit mir machen ließ. Zugleich entwickelte sich die Wut auf Christoph, den ich als feige empfand, weil er sich unserem Problem einfach so entzog. Letztendlich beruht auch das Gefühl der Wut wieder auf einer Dysbalance in uns selbst. Wenn ich selbst schwach bin und diese Schwächen als Problem sehe, dann werde ich ärgerlich auf mich selbst. Um dies nicht eingestehen zu müssen, verlagert sich die Wut nach außen, auf andere.

Problematisch werden Ärger und Wut, wenn sie andauern und keine Ventile finden. Ich stellte mich diesen für mich so ungewöhnlichen Emotionen und begann, mit ihnen zu experimentieren. Auch hier nutzte ich wieder die kreative Arbeit als Ventil, aber auch Sport war in dieser Zeit ein wichtiges Mittel zur Besserung. Bewegung half mir sehr dabei, den negativen Druck abzubauen.

Aber: ich erlaubte mir eben auch zum ersten Mal in meinem Leben ganz offiziell, wütend zu werden. Ohne schlechtes Gewissen, ohne Hemmungen, ohne Schuldgefühle.

„Ich darf wütend sein!" Ein ganz neuer Ansatz für mich, die Harmoniesüchtige, die bisher immer die Rolle der Vermittlerin in Systemen aller Art eingenommen hatte – und dabei oftmals selbst unter die Räder gekommen war.

Ich begann für meine Verhältnisse „radikal" zu denken.

Es musste mich nicht jeder mögen. Es musste auch nicht jeder mit mir einer Meinung sein. Und ich konnte dazu stehen, meine Meinung auch in schwierigen Lagen durchsetzen. Es war ein riesiges Entwicklungsfeld für mich, an dem ich noch heute arbeite. Wut kann ein Motor sein, ebenso wie positive Begeisterung ein Motor sein kann. Wenn es gelingt, die negativen Aspekte von Ärger und Wut in konstruktive Ergebnisse umzuwandeln, dann kann sie uns unglaublich voranbringen. Ich lernte, meine Wut als Antrieb zu nutzen und mich auch durch diese Emotion mehr um das zu kümmern, was eigentlich wichtig war: mein eigenes Leben.

SEHNSUCHT

Sehnsucht nach dem anderen – wohl kein Zustand löst so viel Leid und Stagnation innerhalb einer Dualseelenbeziehung aus. Sie ist ein zweischneidiges Schwert, denn natürlich entsteht aus Sehnsucht auch viel Positives. Aber im schlechtesten Fall kann sie uns vollkommen lähmen, uns hilflos machen und uns unsere Schwäche vor Augen führen.

Fakt ist: die Sehnsucht nach dem anderen wird immer da sein. Das ist in Ordnung. Wir sollen aber innerhalb des Veränderungsprozesses lernen, mit ihr konstruktiv umzugehen, anstatt uns permanent blockieren zu lassen und in der Warteposition zu erstarren.

Aber wie soll das funktionieren, wenn die Sehnsucht nach der Dualseele so heftig ist, dass sie einem regelrecht die Luft zum Atmen nimmt?

Ich habe einiges ausprobiert, um aus der Sehnsuchtsschleife herauszukommen. Wirklich gut funktioniert hat für mich nur bewusstes Anerkennen, dass dieses Gefühl existiert, wahrgenommen und wertgeschätzt werden möchte. Wann immer es mir möglich war, bin ich dann zu einem Spaziergang aufgebrochen und habe mich in einen Dialog mit Christoph und der Sehnsucht nach ihm begeben. Das sah dann ungefähr so aus:

Lieber Christoph, vielen Dank, dass ich heute merken darf, dass diese Sehnsucht zwischen uns existiert. Ich weiß, dass ich gerade nichts weiter tun kann, als sie anzunehmen. Ich wünschte, du könntest jetzt hier sein, aber das ist gerade nicht möglich. Und deshalb akzeptiere ich das in Gelassenheit und Frieden. Ich wünsche dir einen wunderbaren Tag und hoffe, es geht dir so gut wie mir.

Das klingt vielleicht ein wenig seltsam, aber es hat mir geholfen, dieses ausufernde Gefühl in den Griff zu bekommen und ihm nur bestimmte „Zeitfenster" zuzugestehen. Je mehr ich versuchte, die Sehnsucht gewaltsam zu unterdrücken, desto schlimmer wurde sie. Aber immer, wenn ich das Gefühl bewusst anerkannt und losgelassen habe, konnte ich danach ziemlich friedlich und effektiv meinen Tag – oder meine Nacht – gestalten. Ich kann daher nur empfehlen, wirklich in den (inneren) Dialog zu gehen, Wertschätzung für diese Emotion zu zeigen und sie dann gehen zu lassen. Auch, wenn es dir vielleicht zu Beginn seltsam erscheint – einen Versuch ist es wert!

Künstlerisch gesehen ist Sehnsucht übrigens so ziemlich das Wertvollste, was einem passieren kann. Aus Sehnsucht lässt sich wunderbare Kunst entwickeln, sie wirkt wie ein Katalysator.

Welche Seiten bringt die Sehnsucht nach deiner Dualseele in dir zum Klingen? Was wartet darauf, den Weg aufs Papier, in die Musik oder in ganz andere Ausdrucksformen zu finden? Geh raus aus der Stagnation und bringe diese inneren Schätze durch deine Kreativität zum Leuchten. Das macht es dir wahrscheinlich leichter, den Alltag auch (und gerade!) in Abwesenheit deiner Dualseele wertvoll zu gestalten.

DIE FASZINATION DER
ANDEREN BAUSTELLE

Eines der verfänglichsten Themen innerhalb eines Dualseelenprozesses nenne ich gerne „Die Faszination der anderen Baustelle". Es ist so viel leichter sich halbe Ewigkeiten den Kopf darüber zu zerbrechen, wie es dem Gegenpart denn nun gerade geht, wie man sie oder ihn denn bei der Abarbeitung der Aufgaben unterstützen könnte (sofern denn Kontakt besteht und das zugelassen wird), wo der andere sich in der Transformation gerade befindet – und wie es weitergehen könnte, miteinander. Immer mit dem Fokus darauf, was beim anderen gerade los ist.

Der Reiz dieser „anderen Baustelle" (die des Dualseelenpartners nämlich) ist, dass die Aufgaben, die der andere zu lernen hat, meist aus Themen bestehen, die wir selbst längst gemeistert haben, bzw. die uns niemals schwer fielen. Für die klassischen *Loslasser* gilt also, dass wir zum Beispiel problemlos mit Nähe umgehen und Emotionen uns überhaupt keine Angst machen. *Gefühlsklärer* sind dafür u.a. Meister der Analyse und des abgeklärten, vernünftigen Denkens. Mit dem jeweils anderen Bereich hapert es.

Wir könnten dem anderen theoretisch sofort sagen, wie „es funktioniert" – dieses Thema, mit dem er oder sie sich so schwer tut.

Nur: Es bringt nichts. Im Gegenteil. Es wird als lästig angesehen und ist auch überhaupt nicht förderlich. Der andere muss es selbst erkunden, selbst herausfinden, für sich selbst spüren. Und das gilt für beide Seiten. Nur das ist eine wirkliche Veränderung.

Wann das geschieht – darauf haben wir keinen Einfluss. Jeder bestimmt das Tempo seiner Entwicklung selbst. Und deshalb ist es umso nervtötender für uns, wenn wir permanent darauf schielen, was denn der andere macht. Die Gefahr ist groß, dass sich Blockaden dadurch nur verstärken und sich alles in die Länge zieht, denn wenn du die ganze Zeit mit dem anderen und dessen Aufgaben befasst bist – wann nimmst du dir dann Zeit und Fokus für deine eigenen Lernaufgaben?

Hier wird der Punkt des „Annehmens" (wie so oft in der Dualseelenkonfrontation) wieder zentral wichtig. Annehmen, was gerade ist. Annehmen, dass der andere so ist, wie er eben ist, und sich zu diesem Zeitpunkt an einem bestimmten Punkt befindet. Es hat nichts mit Liebe zu tun, den anderen zu gängeln, zu drängen oder ihm „auf die Sprünge" helfen zu wollen. Im Gegenteil. Wichtig ist, sich klarzumachen, dass die Dualseele (und auch jeder andere Mensch) zu einer bestimmten Zeit an einem bestimmten Entwicklungspunkt ist, weil das für sie oder ihn wichtig ist. Es kann sehr befreiend sein, die Situation – so quälend sie oft auch ist – aus dieser Warte zu betrachten. Geh einen Schritt zurück, beobachte achtsam und gelassen, an welchem Punkt du selbst gerade bist. Und dann frage dich, ob es dir gefallen würde, wenn deine Dualseele plötzlich auftauchen und dich belehren würde. Ich gehe davon aus, dass dieser Gedanke nicht besonders angenehm ist, oder?

Eben. Weil du selbst deine Erfahrungen machen möchtest und musst. Das Gras wächst nicht schneller, wenn man daran zieht und Dualseelenerfahrungen beschleunigen sich nicht, wenn man es mit dem „Hau-Ruck"-Verfahren versucht. Dieses zu akzeptieren und es anzunehmen ist viel leichter, als immer und immer wieder hadernd zu kämpfen. Nutze die Energie, die du für die „andere Baustelle" verwendest, lieber für deine eigenen Themen. Sieh dir an, was bei dir noch an Aufarbeitung geleistet werden muss, wo du dich entwickeln kannst, welche Punkte bei dir noch offen sind. Es gibt ganz sicher noch genügend zu tun.

VOM UMGANG MIT DEN TRÄUMEN

Eines der für mich lange Zeit am stärksten belastendsten Phänomene im Rahmen meines Dualseelen-Erlebnisses mit Christoph waren die Träume. Solange zwischen uns „alles gut" war, schlief ich so wunderbar tief und traumlos wie selten zuvor in meinem Leben. Nach unserem Treffen und Christophs darauf folgendem Rückzug allerdings veränderte sich das radikal. Ich bekam Schlafstörungen und wanderte halbe Nächte unruhig in der Wohnung umher. Auf Bücher konnte ich mich nicht konzentrieren und auch fernsehen brachte mich nur vorübergehend von den ewig kreisenden Gedanken an das, was zwischen ihm und mir geschehen war, ab. Dies unterschied sich nun allerdings nicht sonderlich von Liebeskummer gewöhnlicher Art und ich war mir sicher, dass sich alles mit der Zeit schon wieder beruhigen würde. Wohlgemerkt – damals wusste ich ja noch nicht, in was ich hineingeraten war.

Ein wenig unheimlich wurde die Sache, als die Träume begannen. Es war etwa eine Woche seit unserer Aussprache vergangen (die ich ja gerne „das Kündigungsgespräch" nenne, weil ich Christoph niemals förmlicher und „managerhafter" erlebt habe als in dieser Situation). Ich konnte nun wieder schlafen, aber von ruhigen und erholsamen Nächten konnte keine Rede sein. Christoph war da. Immer. Jede Nacht.

Es passierte eigentlich nicht viel, denn es war immer der gleiche Traum. Dieser Traum war allerdings erschreckend realistisch. Nie zuvor habe ich solche Träume erlebt. Ich hatte den Eindruck, als fände all dies tatsächlich statt! Und dabei war es vollkommen unspektakulär.

Christoph und ich saßen gemeinsam an einem Tisch und redeten in aller Ruhe, wobei meiner Dualseele der größere Anteil am Gespräch zukam. Ich wusste beim Aufwachen nie, was er genau gesagt hatte – doch ich wachte an jedem Morgen mit einem Lächeln und der absoluten Sicherheit auf, dass alles gut werden würde. Das war es, was Christoph im Traum transportierte, auch wenn ich mich an den genauen Wortlaut nicht erinnern konnte: Warte, gib dem ganzen Zeit, hab Vertrauen in den Fluss der Dinge – alles wird gut.

Dieses wunderbare und sichere Gefühl blieb immer nur für wenige Sekunden. Dann fiel mir ein, an welchem Punkt wir wirklich waren, wie die Fakten aussahen – und das Herz ging wimmernd in die Knie. Die Diskrepanz zwischen dem im Traum als Gewissheit erlebten und der Realität hätte größer nicht sein können. Und doch kam dieser Traum in stoischer Beharrlichkeit jede Nacht wieder.

Es war zum Verrücktwerden, denn wie sollte ich die Hoffnung gehen lassen und nach vorne sehen, wenn mir im Traum immer wieder das Gegenteil eingeflüstert wurde? Und von wem überhaupt?

Das war zu dem Zeitpunkt, an dem ich über die Dualseelentheorie stolperte. Und ich las, dass viele Dualseelenbetroffene mit diesen Klarträumen zu tun bekommen. Plötzlich hatte ich eine Erklärung für das Ganze: Die Träume waren wie ein Treffend der Seelen. Christoph und ich, in unseren Körpern, die heute auf der Welt herumwandern, haben vielleicht gerade keine Chance, miteinander umzugehen – aber das interessiert die Seelen nicht. Sie kommunizieren weiterhin, und das umso mehr, je stärker man sich um Abstand bemüht.

Ich begann das Phänomen zu beobachten und tatsächlich – die Träume wurden stärker, wenn ich mit Gewalt versuchte, Christoph aus meinem Leben zu streichen, und die Situation beruhigte sich, wenn ich mich bemühte, einen gewissen gelassenen „Flow" in den Umgang mit der Lage zu bekommen. Um ehrlich zu sein: Es gelang mir mal mehr und mal weniger gut.

Zum damaligen Zeitpunkt war der Kontakt zwischen Christoph und mir nicht offiziell abgebrochen, wir bekamen uns über das soziale Netzwerk noch mit. Ich hoffte, dass sich alles wieder einrenken würde, irgendwie. Doch die Monate vergingen und es sah nicht wirklich danach aus. Wir hatten kaum etwas miteinander zu tun und bekamen doch ständig mit, was der andere so tat. Für mich war dieser Zustand die reinste Folter und im Nachhinein betrachtet frage ich mich, warum ich nicht viel früher den Schritt in den kompletten Kontaktabbruch gegangen bin. Aber ich konnte mir damals schlicht und einfach nicht vorstellen, ohne Christoph zu sein, so verrückt es mir selbst auch vorkam. Die Vorstellung, ihn überhaupt nicht mehr in meinem Leben zu haben, war furchtbar. Also dümpelte ich über Monate vor mich hin und nichts bewegte sich.

Immerhin die Träume wurden mit der Zeit weniger und verschwanden schließlich ganz – um dann mit voller Kraft zurückzukehren, nachdem ich den Kontakt zu Christoph endgültig abgebrochen hatte. Es war geradezu atemberaubend, wie präsent er auf einmal wieder war. Doch jetzt war die Qualität der Träume eine andere. Einer von uns lief dem anderen immer hinterher – in einer Nacht ich ihm, in der nächsten Nacht er mir. Glücklich wurden wir dabei beide nicht und ich erwachte jeden Morgen mit dem Gefühl, als hätte ich einen schweren Marathon hinter mir. Mit der Zeit gab es auch andere Szenarien in den Träumen. Mal stritten wir uns, dann wieder schwiegen wir uns die ganze Zeit an. Selten gab es Träume, in denen es harmonisch und stimmig war, die meiste Zeit arbeiteten wir uns an irgendetwas ab.

Ich verfluchte diese Träume, denn sie strengten mich irrsinnig an und ich war morgens in keiner besonders guten psychischen Verfassung. Der Spuk hielt ca. zwei Wochen konstant an – dann kam der Tag, an dem ich mich dafür entschied, mich jetzt verstärkt um mich selbst zu kümmern. Sollte Christoph doch vor sich hinschimmeln, wo auch immer er gerade war. Und wenn er der Meinung war, in meinen Träumen herumspuken zu müssen, bitteschön! Ich würde aber nicht mehr zulassen, dass es mich fertigmachte. Es war ein Entschluss, ganz bewusst und ohne romantische Verklärung. Ich wollte das so nicht mehr! Und ich holte mir die Macht über mein Leben zurück.

Die Träume blieben, allerdings beschäftigte mich das nun nicht mehr jede Nacht. Und morgens konnte ich die Eindrücke viel schneller abschütteln. Ich gewöhnte mir an, kurz zu notieren, woran ich mich vom Traum erinnerte, und mich zu fragen, welche Themen mir das in der Nacht Erlebte aufzeigen sollte. Um diese Themen kümmerte ich mich dann, wann immer die Zeit es zuließ, verstärkt tagsüber. Für mich war das eine gute Lösung, denn so hatten die Träume einen Sinn und waren nicht nur eine energieraubende Belastung. Inzwischen beeinträchtigen mich Christophs nächtliche Besuche überhaupt nicht mehr. Ich nehme sie als das, was sie sind: Spiegelungen dessen, wo ich in meinem Leben, in meiner Persönlichkeit und in Bezug auf meine Ziele noch genauer hinsehen darf.

EURE SEELEN KOMMUNIZIEREN

Ich habe mich lange gefragt, was dieser ganze Kram eigentlich soll. Warum kämpfe ich mit diesen fast schon beängstigend realen Träumen, warum habe ich den Eindruck, dass Christoph auch nach Wochen der Funkstille energetisch direkt neben mir steht – und warum werde ich bei allem Schmerz und all den Fakten das innere Gefühl nicht los, dass wir trotzdem in tiefer Liebe verbunden sind?

Eine Erklärung, die mir letztendlich weitergeholfen hat, war schlicht und einfach:

Es ist so. Eure Seelen kommunizieren. Deal with it.

Und an sich ist das ein schöner Gedanke, oder nicht? Seelen, die miteinander kommunizieren, weil sie eine gemeinsame Aufgabe zu lösen haben. Und die, wenn die dazugehörigen Menschen nicht den Mut aufbringen oder die Mühe scheuen oder sich in Distanz flüchten, eben trotzdem unbeirrt ihren Weg weitergehen. Sie nutzen dann nur andere Kanäle. Entfernungen sind kein Hindernis und Vernunftentscheidungen noch viel weniger. Was auch immer du mit deinem Dualseelenpartner an Lernaufgaben zu bewältigen hast – die Seelen finden einen Weg dazu. Davon bin ich inzwischen fest überzeugt. Es bringt nichts, damit zu hadern, sich dagegen zu sperren oder darunter zu leiden. Sie machen es so oder so. Und dann wäre es doch eigentlich eine ziemlich gute Idee, sich einfach in den Fluss des Geschehens hineinfallen zu lassen, findest du nicht auch? Aber dabei immer schön den Kopf über Wasser halten und das Atmen nicht vergessen …

„Und wenn er niemals wiederkommt?"

Da ist es plötzlich wieder, das teuflische kleine Stimmchen aus dem Off. In den unmöglichsten Situationen pirscht es sich heran und ruiniert mit diesem kleinen Satz die schönsten Momente. Ich habe es gehasst, weil es mich eine Zeitlang mehr als heftig als der Bahn geworfen hat. Aber betrachten wir das Phänomen doch einmal genauer. Wenn er also niemals wiederkommt ... Ja, dann was? Zum einen ist dies eine Annahme, bei der du dir nicht sicher sein kannst, dass sie wirklich jemals eintrifft. Du kannst also nicht von der Richtigkeit ausgehen. Des Weiteren hilft dir diese Frage nicht im Geringsten, denn sie konzentriert sich auf die Zukunft – dein Einflussbereich liegt aber immer im jetzt gerade stattfindenden Moment.

Jetzt kannst du entscheiden, glücklich zu sein. Jetzt kannst du entscheiden, loszulassen. Jetzt kannst du dich selbst als eigenständigen und stabilen Menschen mit Zielen, Plänen und Visionen wahrnehmen. Mit einem Leben, das du selbst gestaltest und in dem du selbst für dein Befinden Verantwortung übernimmst. Jetzt. Und wieder jetzt. Und jetzt auch.

Vielleicht beschließt deine Dualseele, dass sie die Transformationsprozesse nicht absolvieren möchte. Vielleicht ist es ihr zu viel. Das einzige, was dir bleibt, ist, diese Entscheidung zu akzeptieren. Es liegt schlicht und einfach nicht in deiner Macht. Aber du hast die Macht über deine Reaktion darauf, und über deinen Umgang damit.

Ich habe für mich beschlossen, dass ich nicht wissen kann, ob Christoph nicht doch irgendwann in meinem Leben wieder eine größere Rolle spielen wird. Es fühlt sich definitiv so an, ja. Aber sicher sein kann ich nicht. Vielleicht werde ich morgen vom Bus überfahren – und damit hat sich die ganze Sache schon erledigt und wir werden unsere erneute Begegnung aufs nächste Leben verschieben müssen. Vielleicht wache ich eines Morgens auf und merke, dass ich mit meiner Transformation so weit bin, dass Christoph (auf seinem aktuellen Stand) schlicht und einfach nicht mehr in mein Leben passt. Selbst, wenn er dann plötzlich Teil davon sein wollen würde. Wer kann das wissen?

Und könnte es nicht sein, dass es sogar gut ist, wenn er niemals wieder auftaucht? Ich weiß, diese Aussage ist provokativ und wird vielen nicht gefallen. Aber ich fand sie als Gedankenexperiment sehr erfrischend und befreiend. Was, wenn das Leben genau so richtig ist, wie es eben ist? Was, wenn ich ohne meine Dualseele viel glücklicher dran bin? Weil die Zeit schlicht und einfach noch nicht gekommen ist? Woher soll ich mir sicher sein, dass ich mit ihm gemeinsam nicht noch viel unglücklicher wäre, weil wir beide nicht in der Lage sind, diese schwierige Situation zu meistern?

Ich gehe davon aus, dass das Leben weise ist und den richtigen Zeitpunkt kennt. Und dass es für diesen Moment gut ist, wie es eben ist. Denn sonst wäre dieser Moment ja nicht.

UND JETZT?

DEN ANDEREN VERGESSEN?

NEIN. ABER LASSEN.

Irgendwann kommt man – gerade nach Kontaktabbruch – an einen Punkt, an dem man sich fragt, wie es nun weitergehen soll. Man hat die schlimmsten Krisen und Trauerphasen hinter sich und schafft es, den Alltag wieder zu bewältigen. Man kommt „zurück in die Spur", findet sich langsam aber sicher selbst wieder, gerät nicht mehr durch jede kleine „Energieeruption" durch die Dualseele aus dem Tritt – und das ist auch gut und richtig so. Aber was jetzt? Soll man den Dualseelenpartner abhaken? Einfach vergessen? Ist das eine Lösung?

Nein. Natürlich kannst du es versuchen, aber höchstwahrscheinlich funktioniert dieser Ansatz ohnehin nur bedingt. Dieser Mensch wird immer einen besonderen Platz in deinem Herzen und in deinem Leben einnehmen, auch wenn ihr (offiziell) nichts mehr miteinander zu tun habt. Ihr seid schließlich nur in Form eurer menschlichen Gestalt voneinander getrennt. Eure Seelen bleiben verbunden, sind Eins. Der Prozess der Aufarbeitung eigener Lebensthemen läuft auch bei Kontaktabbrüchen weiter – und früher oder später geratet ihr euch, so die Theorie und bei vielen erwiesenermaßen ja auch die Praxis, wieder in die Umlaufbahn. Was dann sein wird, lässt sich nicht vorhersagen.

Für diesen Moment aber, in dem man absolut nichts mehr tun kann, um die Situation zu beeinflussen, ist und bleibt meiner Meinung nach die beste Strategie: Schütze dich, so gut es geht. Nimm dich selbst und dein emotionales Gleichgewicht wichtig. Und vor allem: Lass den anderen, wo er oder sie ist.

Du wirst keine positiven Veränderungen durch Druck erreichen, sehr viel Freiheit und Gelassenheit aber durch die schlichte Akzeptanz dessen, was ist. Eine Abwehrhaltung oder ein Kampf bringt dich nicht weiter. Die Kunst liegt darin, auch deinen inneren Widerstand anzunehmen und ihn so von etwas Lähmendem in etwas Konstruktives zu verwandeln.

Nimm dich heraus aus dem Gefühl, für den anderen mit zuständig sein zu müssen, helfen zu wollen oder besitzen zu wollen. Wenn es sein muss, immer wieder, ganz bewusst. Setze Grenzen und mache dich damit handlungsfähiger. Nimm dich als eigenständig wahr, anstatt in Bedürftigkeit, Angst oder Erstarrung zu verharren, genieße das Leben, das sich dir jetzt gerade bietet und entwickle dich weiter, indem du lernst, erlebst, wächst. Deine Dualseele muss ihre Aufgaben ohne dich lösen – sie kann es gar nicht mit dir zusammen! So wie auch du selbst ganz alleine den Weg zu deinem besten und authentischsten Ich finden musst, genauso gilt dies auch für deine Dualseele. Wenn man sich das einmal klar gemacht hat, wird vieles in Gedanken und Herz leicht und frei.

Jeder Augenblick ist für sich eine Chance zur Wandlung. Du kannst weder rückgängig machen was in der Vergangenheit passiert ist, noch kannst du die Zukunft bis ins Detail beeinflussen. Aber auf den jetzigen Moment, den Atemzug, den du gerade nimmst, die Taten, die du jetzt gerade vollbringst – darauf hast du Einfluss. Das ist eine gestalterische Macht, die du nutzen kannst und solltest – gerade, wenn du den Eindruck hast, dass ohne den anderen alles keinen Sinn mehr ergibt. Denn das stimmt nicht. Es hat einen Sinn, weil es dich weiterbringt. Und je mehr du dich um dich selbst kümmerst und den anderen aus deinem Fokus entlässt, desto freier kann auch dieser sich seinen Aufgaben widmen.

Das bedeutet nicht, dass die Liebe verschwindet und es bedeutet auch nicht, dass du den anderen nicht immer mal wieder vermissen wirst. Aber es löst dich aus Abhängigkeiten und sensibilisiert dich für den Menschen, mit dem du im Leben die meiste Zeit verbringst und der dir deshalb am Allerwichtigsten sein sollte: Für dich selbst.

In der Dualseelenliteratur wird erwähnt, dass in der Phase der Loslösung oftmals Menschen auftauchen, die uns „prüfen" und somit zeigen können, wie weit wir auf dem Weg schon sind. Ich hielt das lange für eine interessante Idee, konnte mir aber nicht vorstellen, dass so etwas wirklich passieren würde. Das Leben belehrte mich eines Besseren.

Nachdem ich den Kontakt zu Christoph abgebrochen und aufgehört hatte, mich auf seinem Profil im sozialen Netzwerk herumzutreiben, nachdem ich endlich wieder mich in den Mittelpunkt stellte und als oberste Priorität sah, mich um mich selbst und mein Wohlbefinden zu kümmern, setzte ein spannender Prozess ein. Zuerst begegnete mir jemand, der schlicht und einfach als Freund an meiner Seite dabei half, die schönen Seiten des Lebens wieder zu sehen und auch zu genießen. Keine Romanze, nur ein Freund. Aber ein wertvoller auf diesem Weg, denn zum ersten Mal seit vielen Monaten konnte ich wieder ausgehen und die Leichtigkeit des Lebens wiederfinden – auch ohne Christoph. Das war ein ganz wichtiger Schritt und ich bin diesem Begleiter, der noch immer in meinem Leben ist, für seine Unterstützung sehr dankbar.

Die zweite Begegnung war wesentlich herausfordernder. Mir wurde ein *Loslasser* in den Orbit geweht. Jemand, der sich wirklich hinreißend um mich bemühte. Ein wunderbarer, sensibler, charmanter und intelligenter Mann, der das Prädikat „Gentleman" wirklich verdient hat. Aber: anhand dieses Menschen bekam ich deutlich unter die Nase gerieben, wie „klebrig" sich so eine aufopfernde Liebe eines *Loslassers* anfühlen kann. Ich hatte bisher immer gedacht, mein Verhalten Christoph gegenüber wäre nur liebe- und rücksichtsvoll gewesen. Weit gefehlt. Der Mann, der mir nun im Leben zum Lernen an die Seite gestellt wurde, spiegelte mir alles, was ich gegenüber Christoph falsch gemacht hatte. Jeden einzelnen Punkt. Und es zeigte mir auf, dass ich Christoph oftmals kaum Luft zum Atmen gelassen hatte. Ich war zum ersten Mal in der Situation, einem *Loslasser* gegenüber klare Grenzen setzen zu müssen bzw. zu dürfen. Im Gegensatz zu Christoph gelang mir das glücklicherweise rechtzeitig, so dass ich diesen Mann, der mir so wertvoll zur Seite gestellt worden war, nicht bitterböse verletzte. Wir fanden eine Möglichkeit, miteinander umzugehen, die für uns beide in Ordnung war. Auch dieser Kontakt besteht noch und er ist wertvoll und gut.

Fakt ist, dass diese Begegnung mich unglaublich viel gelehrt hat. Dies gilt für die gesamte Dualseelenerfahrung, in all ihren Facetten, und deshalb möchte ich sie nicht missen.

Das Wichtigste ist meiner Meinung nach in diesem ganzen Prozess letztendlich aber doch die Fokussierung auf das eigene Leben, die individuellen Stärken und nicht zuletzt auf die eigenen Gedanken.

Gedanken können dich zu Höchstleistungen antreiben, dich glücklich machen, dich stärken – oder dich wie ein nahezu tödlicher Giftcocktail niederstrecken. Sorge dafür, dass du die Verantwortung für deine Gedanken ebenso voll und ganz übernimmst wie für deine Handlungen. Werde klar in dem, was du für dich möchtest. Kommuniziere klar, agiere klar, lebe klar. Schon durch diese kleinen Veränderungen kann sich eine Menge in deinem Leben bewegen und oftmals lösen sich Verstrickungen, die man halbe Ewigkeiten mit sich herumgetragen hat. In meinem Fall war das so und ich denke, dass es auch für viele andere gilt, die sich in diesem Transformationsprozess befinden. Wenn man inmitten einer Erfahrung feststeckt, verliert man oft den Blick für das große Ganze. Man nimmt nur noch diesen begrenzten Augenblick war. Gut daran ist, dass du eben genau diesen Augenblick beeinflussen kannst, indem du darauf deine Stärken fokussierst. Was aber nicht vergessen werden sollte, ist der große Plan. Es ergibt einen Sinn, dass du diese Phasen durchläufst. Es ist nötig, um dich voranzubringen. Du hast die Wahl, ob du diese Zeit mit Leid und Schmerzen meistern möchtest, die dich mehr und mehr verkümmern lassen, oder ob du zum aufrechten Bambus wirst – stabil und biegsam zugleich.

Ich habe mich ganz bewusst für die zweite Variante entschieden. Für das Loslassen von Dingen, die ich nicht ändern kann, für das gelassene Vertrauen in den Lauf der Dinge und für das

Wissen darum, dass Dualseelenbeziehungen sich finden, wenn es an der Zeit ist. Ich setzte den Fokus wieder auf mein Leben, auf meine Aktivitäten und auf das, was sich in meinem eigenen Handlungsbereich befindet. Ich richtete meine Aufmerksamkeit immer wieder ganz sanft auf das Hier und Jetzt, auf den Erfolg, auf die Fülle – anstatt über die Vergangenheit zu grübeln, die ich nicht mehr ändern konnte, oder mich in vagen Hoffnungen für die Zukunft zu verlieren. All dies gab mir endlich wieder Freiheit und Leichtigkeit zurück und das sichere Gefühl dafür, auf dem für mich richtigen Weg zu sein. Ich wünsche mir, dass dieses Buch dir dabei helfen konnte, Schritt für Schritt auch den richtigen Weg für dich zu finden und ihn mit Freude zu gehen.

Du kannst mir glauben: Es lebt sich wirklich sehr gut als gelassener und flexibler Bambus.

DANKE

Dieses Buch wäre ohne einige sehr wichtige Menschen nicht entstanden. Allen voran gilt mein Dank natürlich meiner Dualseele Christoph. So schwer es auch manchmal war, ich möchte diese Begegnung nicht missen, denn sie hat mich unglaublich vorangebracht. Außerdem ein herzliches Danke an meine unermüdliche Lektorin Bea und nicht zuletzt natürlich an meinen Verleger für sein Vertrauen und das Engagement für diesen Ratgeber. Merci!

EMPFEHLUNGEN

Jnana Yoga
Ein Kurs im Yoga des Wissens
Yogi Ramacharaka
William Walker Atkinson

Reinkarnation und Karma
William Walker Atkinson

Die Aura des Menschen
Swami Panchadasi
William Walker Atkinson

Die Astralwelt
Swami Panchadasi
William Walker Atkinson

**Die wahren
Geheimnisse des Wünschens**
Felix Sendner

4822951R00092

Printed in Germany
by Amazon Distribution
GmbH, Leipzig